河北大学科研创新团队培育与扶持计划(2016年"一省一校"专项经费)、2015 年度河北省社会科学基金项目（项目编号：HB15XW018）和 2015 年度河北省科技计划自筹经费项目（项目编号：154576264）资助出版

《纽约时报》
受众拓展研究

高 菲\著

人 民 出 版 社

责任编辑:孙兴民　冯　瑶
封面设计:徐　晖
责任校对:张　彦

图书在版编目(CIP)数据

《纽约时报》受众拓展研究/高　菲　著. —北京:人民出版社,2017.2
ISBN 978 - 7 - 01 - 017389 - 4

Ⅰ.①纽…　Ⅱ.①高…　Ⅲ.①《纽约时报》-受众-研究
　Ⅳ.①G219.712

中国版本图书馆 CIP 数据核字(2017)第 030660 号

《纽约时报》受众拓展研究
NIUYUE SHIBAO SHOUZHONG TUOZHAN YANJIU

高菲　著

人民出版社 出版发行
(100706　北京市东城区隆福寺街 99 号)

保定市北方胶印有限公司印刷　新华书店经销

2017 年 2 月第 1 版　2017 年 2 月北京第 1 次印刷
开本:880 毫米×1230 毫米 1/32　印张:7.125
字数:139 千字

ISBN 978 - 7 - 01 - 017389 - 4　定价:30.00 元

邮购地址 100706　北京市东城区隆福寺街 99 号
人民东方图书销售中心　电话 (010)65250042　65289539

序

董庆文*

2016 年末最后一天的凌晨，我刚刚阅读完河北大学新闻传播学院高菲副教授的书稿《〈纽约时报〉受众拓展研究》。这部专著，作者使用了多种研究方法，精彩地记录与分析了《纽约时报》如何进行受众拓展策略和扩大付费订阅受众规模的发展途径，为我们新闻传媒科学研究提供了许多宝贵信息与建议。

我和高菲相识于 2014 年。2015 年 2 月，她作为国家留学基金委公派的访问学者，与河北大学新闻传播学院 3 位副教授一起进入我所在的美国太平洋大学传播系，进行为期一年的访学学习。时间虽短，但笔耕不辍，我们共同完成了《美国社交媒体的冲击与影响》一书（于 2016 年 4 月在中国传媒大学出版社出版）。其中高菲为该书撰写了两个重要的章节：《美国社交媒体与新闻生产的变化》和《美国社交媒体与新闻传播教育的融合与启示》。写作期间，她搜集相关的文献、

---

* 董庆文：美国全国传播协会国际合作联席主席；美国太平洋大学新闻传播系主任。

数据扎实、思路缜密、具备敏锐的专业洞察力。她的这两篇文章也为 2017 年 5 月行将出版的《美国新媒体教育与研究前沿》一书提供了很好的前瞻与预见作用。

　　数据研究是我在美 30 余年的学术生涯中与之经常打交道的一种学术方法，在数据背后有很多内容值得去发掘、去探讨。尤其是互联网的今天，在庞大的数据背后，该如何去搜集数据、洞察数据、解析数据、得出结论，一直以来都是国内外学者尤为关注的问题。打开 internetlivestats，全球互联网用户已经达到了 35 亿 3 千 4 百多万人。网民位居前列的国家依次分别为中国、印度、美国、巴西和日本。在这个庞大的受众群之下，对于媒体而言，面临着机遇同时也面临着挑战。据国际互联网市场研究公司 YouGov 于 2016 年初对 2197 位受访者进行调查后发现：新闻消息是美国在网上消费的主导品牌。2016 年初位居前 6 位新闻消费的网上新闻品牌分别依次为雅虎新闻、赫芬顿邮报、福克斯新闻在线、CNN 在线、地区性电视新闻在线及地区性报纸新闻在线网站。雅虎新闻、赫芬顿邮报、BuzzFeed 等一批新闻网站异军突起；Facebook、Twitter 等一批社交媒体中受众成为海量新闻的叙述者、分享者乃至于亲身参与者；但我们不要忘记，传统媒体中的福克斯新闻在线、CNN 在线、纽约时报、ABC 新闻在线、华盛顿邮报在线、CBS 新闻在线依然在互联网新闻网站中占有着举足轻重的地位。

　　我们试想，当上世纪的电视出现在公众眼前时，无数人曾摇旗呐喊"纸媒大限降至"；20 世纪末，当网络出现在公众面前并为之广泛使用时，我们耳边总是充满着"已经很久不看电视"、"很久不读报纸"的声音。在我们生活的周围，我们似乎注意到的是一种类似于科技基础上的信息传播手段，对这些传播手段的存在的可能性的众多探讨。万事万物，不是非黑即白、非生即亡，虽说是，"物竞天择，优胜劣汰"，但其"中间阶段"总有生存空间及实践的可能性。因而，受众是如何对待新闻本身，作为新闻从业者该如何发现新闻及潜在受众，始终是我们媒介研究者永恒的话题。

《纽约时报》创办于1851年。在过去的166年里，这份美国纸媒始终是美国以及全球的领军媒介。它是一份权威报刊的代表，"力求真实，无畏无惧，不偏不倚，并不分党派、地域或任何特殊利益"是其前拥有人——美国报业巨子阿道夫·西蒙·奥克斯（Adolph Simon Ochs）倡导的办报理念。从历史的角度而言，《纽约时报》是美国兴盛的历史记录者；从媒介从业者而言，远远高于其他新闻媒体的117项普利策奖，足以说明《纽约时报》是美国媒体的荣誉殿堂。《纽约时报》的发展史，尤其是自1996年创办纽约时报网以来，从技术侧面而言，是美国报业媒体——新媒体的发展史，带有典型的研究意义。2016年美国总统选举中，《纽约时报》的民调显示，特朗普大幅度低于希拉里，选举过后众多媒体的美国选举前期报道引发了公众热议。这从一定层面上而言，媒体与公众信任度之间面临着偌大的考验。尤其是新媒体大行其道的今天，《纽约时报》"数字优先"和"用户思维"原则，是美国媒体"技术"、"资本"影响下的重要考量标准。在"用户至上"、"数字优先"的前提下，如何做好新闻，直注受众心田，反而对于挖掘潜在受众、做好数字新闻有着良性助推的作用。

"读万卷书，行万里路"，高菲与几位河北大学副教授在美国期间，搜集相关数据、阅读大量英文著作、深入理解美国新闻研究方法及相关理论，她亲自前往纽约时报进行实地考察研究，同报人互动，产生了更为直观的触动和理解；参加环太平洋亚洲研究论坛、美国全美新闻和大众传播教育学会2015年年会和美国全国传播协会第101届年会，对于学术视野有了极大的提高。这部著作相信是对高菲在美学习期间、博士学习生涯中最好的学术总结。

身在美国，我经常反思，媒体、讯息、互联网瞬息万变，我们对媒体的研究非常需要我们的作者对媒体有亲身的经历与大量全面的文本分析和整理。我以为高菲的著作可成为我们在国际媒体研究方面的表范，为我们将来的国际媒体研究提供了许多的思考。当前在数字生活中，数字新闻将会愈发深入到我们每个人的生活细节当中，受众愈来愈会体味到数字的乐趣和新闻的鲜活。我相信，只要我们保持学而不厌的学术激情，不断地探索理论建设，挖掘与探讨中外媒介的生命力，我们定会看到越来越多的媒体研究的佳作，为世界媒介的研究与发展做出我们应有的贡献。

——2016年12月31日于美国加州斯德克顿市

目　录

绪　论

第一节　选题来源和现实意义

一、选题来源

当前，受到新媒体技术的冲击和受众消费方式的变化，美国几乎所有传媒产业的市场占有结构都在发生变化。体现在报业上，纸质版本发行收入和广告收入锐减，纸质版受众数量、报纸网站受众规模、移动传播受众人数下降已成为了多数报纸面临的窘境。报纸市场占有率的下降，不仅归因于经济因素，这背后蕴藏着更为深刻的社会因素和文化因素。无论从哪个角度看，经济、政治、抑或是社会、文化，报纸若想继续成为主流媒体传播主流价值观，必须将受众拓展作为一个亟待解决的现实问题。与业界忧心受众规模缩减的现实相对应，近些年关于美国报业摆脱困境的学术成果大多集中于"数字优先"的思路，但是对于受众拓展方面缺乏系统的、深入的思考与研究。为此，本书选择报业受众拓展作为选题，既想为受众拓展的现实难题出谋划策，也想从学理的角度深入研究社会结构变动下媒体和受众之间关系的建立、维护和拓展的一般规律。因此，本书所涉及的受众拓展，指的是通过各种方式巩固媒介平台上的忠实受众群、扩大潜在受众群的规模。

美国报业格局复杂，许多家报纸在受众拓展方面有独特策略，选择《纽约时报》的受众拓展作为研究对象，基于以下考虑：第一，已有的关于美国报业改革的研究成果，很少涉及受众拓展的角度。笔者认为，报业改革的种种道路殊途同归，最终都是要指向受众。有必要通过研究《纽约时报》的受众拓展，为以后的报业改革提供独特的视角。第二，《纽约时报》作为美国报业的标杆，一直是以精英报纸的态度和作风在发展历程中去建构受众关系的。该报在拓展受众方面，既有成功的经验，也有失败的教训。研究该报的受众拓展，对于研究传统媒体在技术和社会结构变迁下如何保持社会影响力具有典型的示范作用。第三，《纽约时报》的创新报告为研究受众拓展提供了丰富的资料。2014年5月14日，《纽约时报》时任执行总编辑吉尔·艾布拉姆森被解职，由时任总编辑迪恩·巴奎特接任。与此同时，一份长达96页的、主题为数字化转型的《纽约时报创新报告（2014）》在网络上全文传播。该报告是应吉尔和迪恩的要求起草的，旨在调查研究《纽约时报》新闻编辑部在数字转型过程中应做出哪些调整和改进，并给出了建议。该报告在多处提及，增加受众的任务比以往更加艰巨，也提出了一些可行性计划。但是，《创新报告》更多是从业务上提出的一个理想蓝图，实施的效果具有不可预见性，而且就事论事的色彩浓厚。笔者一方面要借鉴报告中的资料，另一方面要依靠严密的调查研究和理论论证来谨慎地分析《创新报告》，从学术研究的视角来突破《创新报告》中的局限性。

二、现实意义

（一）本书以《纽约时报》的蜕变作为反驳"唱衰纸媒"论调的突破口，为传统媒体转型提供重要的理论支持

近年来，在纸媒发行量下降、广告收入下滑、受众流失的市场表象下，很多人做出了"纸媒即将消亡"的结论。本书从受众拓展的角度深入分析后发现，《纽约时报》在数字化转型的道路上已经转变了自己的角色定位，现在的《纽约时报》并不是纯粹的报业经营公司，而是一个典型的数字媒体公司。因此，《纽约时报》的受众也不是单一报业形态下的受众。以《纽约时报》为代表的传统媒体的角色定位逐渐向数字媒体公司的方向转变，受众群体也在向用户的身份转变。所以，一味"唱衰纸媒"的做法，只是将视角停留在纸质版本状态下的纸媒，没有看到纸媒转换身份后的可持续发展过程。本书从品牌传播、社会资本、关系化传播等理论视角，持续探讨转化为数字媒体公司身份后的《纽约时报》受众拓展的发展策略，具有很强的现实意义。

（二）本书辩证分析美国报业数字化转型的发展思路，对于国内报业具有重要的借鉴意义

近年来，国内外报业改革方面的研究成果集中于"数字优先"的研究思路。这些"数字优先"思路，重点放在了技术和资本的合力上。从美国报业发展史来看，某家报纸的兴亡衰落最直接的体现就是受众规模的增减和存在与否。实现受众的存在和维系，技术和资本是重要决定因素，但不是全部因素。美国报业的数字化转型是一个受技术、资本、文化、社会心理等多种因素影响的复杂过程。本书试图分析经济、政治、社会结构、文化、心理等影响受众的各方面因素，对受众拓展背后的深层原因做综合性的考量和学理上的探究。

（三）本书为媒介与受众关系的探讨提供了独特的视角

媒介如何构建与受众之间的关系，决定了采取何种内容策略和经营策略。以往的研究成果在探讨建构媒介与受众的关系时，多数是从受众需求、受众体验、分众传播这些角度出发的，少有从构建受众社会资本的角度进行探讨。本书试图从社会资本理论框架的角度探讨如何在建构受众社会关系网中进行受众拓展，希望为相关的研究提供独特的视角。

（四）本书对于扩大传统媒体影响力具有重要的现实意义

增加受众是媒体共同的目标。对于技术要素不占优势的传统媒体来说，受众拓展更为重要。以往的研究成果中，报业影响力的实现局限于印刷媒体的思维，把报纸作为受众拓展的主体。目前，传统媒体的转型方向是数字媒体公司，本书试图突破印刷媒体思维的限制，提出数字化思维下的受众拓展基本规律，并从内容生产的产品化运营、平台管理、多元化服务体系的建立等方面深入研究媒体如何与受众建立紧密的联结并扩大自身影响力。

第二节　相关概念的界定

一、用户型受众

受众在信息传播过程中不再处于被动和从属的地位。受众是在信息传播过程中与传播者共享传播权力的共创者。"用户型受众"的称呼更符合美国报业的现状。为了陈述方便，正文中用"受众"指代"用户型受众"。

二、受众拓展

受众拓展，指的是通过各种方式巩固媒介平台上的忠实受众群、扩大潜在受众群的规模。

三、内容生产

内容生产并不是简单的文本生产，而是生产与受众建立关系的产品，生产如何盘活《纽约时报》所有内部资源的产品。内容生产过程中，要具备受众联结思维、数据思维和信息服务思维。内容生产是与受众建立和深化关系的重要环节。

四、平台

平台，指的是《纽约时报》和受众在其中获得价值和建构深度关系的虚拟空间，是《纽约时报》进行受众拓展的重要载体。

五、服务

服务是延伸和维系《纽约时报》内容产品和关系产品的屏障，是激发内容产品和关系产品价值的驱动力，是《纽约时报》与受众建立联结的手段和媒介。

第三节　文献综述

一、国内研究现状

（一）关于《纽约时报》受众拓展的研究

《纽约时报》作为美国传媒文化的经典符号，早已成为各学科专业的热门研究对象，新闻传播学科也不例外。笔者通过各种渠道进行资料搜集后发现，在新闻传播学科中，现有的专著、期刊论文和博硕士学位论文中，几乎没有把《纽约时报》受众拓展作为选题的研究成果，只有一些研究成果在论证的过程中会或多或少涉及到一些《纽约时报》受众拓展的方法。这些相关性研究成果大多是在论述报业变革时会涉及到受众方面的探讨。例如，董朝的硕士论文《媒介融合背景下〈纽约时报〉的转型与升级》，对于《纽约时报》的资产融合、报网融合、网络收费制度进行了重点研究，该文在论及受众方面的结论是"开发受众资源，提高社会资本"；陈阅的硕士论文《〈纽约时报〉更正与自律机制研究》，阐述更正制度的发展历史、更正原则、更正流程和道德条例，指出报纸更正制度有助于赢得读者的理解和继续支持，赢得较高的公信力和良好的声誉，也是受众拓展的重要方法；在受到新媒体冲击之前的岁月中，《纽约时报》的受众拓展体现在了读者来信版的设置上，王彩霞的硕士论文《人民日报与纽约时报读者来信版比较研究》，论述了两报的读者来信版的形式、内容、共同性、差异性等，提出应重视读者来信的反馈调节作用和舆论监督作用。

以《纽约时报》为选题的学术期刊论文能反映《纽约时报》最新动态和发展趋势，重点分析了报业数字化变革中的受众拓展。新华社新闻研究所国际传播研究中心编译的《数字化背景下的报业转型——纽约时报创新报告（2014）》，运用文献分析法，提出了创建受众拓展职位、组建数据分析团队、创建战略分析团队、鼓励跨部门合作、零距离贴近受众等工作设想；孙志刚的《〈纽约时报〉内部报告说了些什么?》，论述了媒体与受众在社交媒体平台上建立联系的重要性；于迎的《〈纽约时报〉的跨国传播策略——以〈纽约时报〉中文网为例》，从《纽约时报》中文网这个独特角度，探讨该报在中文社交媒体平台上开通账号、向中文用户推送内容、提供服务和开展互动等受众拓展的策略；刁毅刚的《〈纽约时报〉的内容数据开放和新闻客户端战略》，关注以内容为核心的互联网络中《纽约时报》的走向，提出了一个崭新的观点，即传统媒体从新闻提供者与受众的关系，变成了创业组织者和创业者之间的同盟关系。

　　从总体上看，和《纽约时报》受众拓展选题相关的研究成果，研究视角主要放在数字化策略上，较少从社会因素和文化因素上进行解读；在研究方法上，以"点"为主，缺乏对受众拓展进行历时性和共时性的分析。从研究成果的梳理情况上看，科技因素是前人研究《纽约时报》受众拓展策略的主要着力点，这说明受众拓展策略放在了容易看到的发行量和广告收入等指标上，因为科技要素较容易转化为经济指标。但是，信息传播范式转化背景下的媒介文化和受众社会资本的获得对于受众拓展的重要意义，目前还缺少一定数量的研究成果。此外，受众拓展是报业发展的一个核心命题，应该重点研究其历史渊源、发展脉络以及未来发展趋势，并且重点研究世界各国报业在受众拓展方面的表现，这些研究视角在目前的研究成果中也是比较缺乏的。

　　（二）关于美国报业变革的研究

　　现有研究成果中，大部分高度关注技术驱动和商业驱动引发的传播生态的变化对于美国报业变革的积极影响。例如，曾海芳的博士论文《美国报业的数字化发展研究——以〈纽约时报〉〈华尔街日报〉〈今日美国〉为考察对象》，对于新媒介的冲击与美国报业的嬗变、美国网络报纸的创新扩散、三大报移动报纸的发展进路与特点、应对数字化发展的报业组织结构擅变等美国报业数字化发展的热点问题进行了研究。该论文认为，报纸必须借助与因特网的对接实现数字化转型，为受众提供新的服务从而重新赢得受众的注意力。在期刊论文方面，贾金玺的《社交媒体给美国报业带来了什么》，从社交媒体的介入给报业新闻采集生产流程、新闻营销方式、报业的创新与嬗变带来的种种积极影响的角度，得出了这样的结论：社交媒体有利于培养潜在读者群；宋明亮的《新媒体冲击下的美国报业》，从数字付费订阅、研发新闻阅读体验程序、积极发展网络视频等方面探索如何运用技术满足受众需求，更进一步提出确立"报人网络化"理念，即在报纸办网站的同时，编辑记者必须从思想观念上彻底网络化。

当然，也有少部分研究成果在思考技术因素和商业因素不利于拓展受众的一面。李赛可的《美国报业收割现象的双重解读》，提到了有些作为家族企业的美国报纸立足于长远经营，更关注市场占有率而非盈利性，应从新闻行业所能发挥的重要社会职能上去拓展受众；陈国权的《重估付费墙对美国报业转型的价值》，反思了付费墙对于美国报业受众拓展方面的作用，认为数字付费用户并没有多少广告吸附能力，付费墙试图将纸质读者转移到在线读者的举动，就相当于以劣质的资源来换取优质资源；黄磊、唐芳的《传统媒体突围新应对——以美国报业为例》，从文化学和社会学的角度探讨美国报业如何满足受众需要，同受众建立关系。总之，关于美国报业变革的现有研究成果中，技术角度的支持者要多于文化角度的支持者，研究视野亟待突破。

（三）关于媒介与受众关系的研究

现有研究成果中，研究视角多元化，引入跨学科的研究方法，主要的研究发现基于以下几方面的探讨：

1. 在媒介生态格局中研究媒介与受众关系，侧重基本理论建构

马妍妍的博士论文《媒介怀疑论信息时代媒介与受众关系研究》，在媒介文化研究的理论框架下，以媒介与受众的关系为研究对象，提出"怀疑"是当今媒介与受众关系演变的焦点和主题，尤其是第三章梳理了媒介与受众的关系变迁，从媒介敬畏，到媒介崇拜，再到如今的媒介怀疑的整体发展轨迹，第八章通过媒介与受众在社会性媒体上的传播实践案例，来研究信任修复和重建的方式和特点；严瑶的硕士论文《用户创造内容的（UGC）受众角色研究》，阐述了 UGC 时代受众主要角色类型，分别是生产性受众、公民社会的政治参与者、狂欢化受众。这些研究成果均是从人类社会信息传播模式转换的大背景下，深入探讨媒介与受众的关系。只有深入了解了媒介与受众关系的变迁，才能继续研究如何拓展受众、如何建构受众关系等媒介发展中的难题。从研究角度看，这些研究成果侧重于基本理论建构，缺少对报业受众关系建构的深入研究，也缺少对于建构受众关系时的内容、平台、渠道等必要条件的深入研究。

2. 深入探讨报业改革中的受众心理和受众需求

杨小平的硕士学位论文《〈南方周末〉生存的受众心理》，深入研究了从 1984 年创刊至今，《南方周末》经历过

三次比较大的改革中受众的变迁，从而得出结论：准确的读者定位、高超的受众心理策略是该报获得成功的另一个重要因素；王彪的硕士论文《兰州都市类报纸内容与受众需求研究》，从兰州都市类报纸与其受众需求的关系入手，回答了造成报纸内容生产与受众需求中出现的不和谐状况的原因；陈奕奕的硕士论文《从三次新闻改革看我国报纸受众观的流变》，该文通过对我国三次新闻改革中以报纸为代表的大众媒介的受众观的分析，对我国新闻传播活动中传者和受者的关系进行一次回顾和梳理。期刊论文中，黄朝钦的《〈纽约时报〉的"停印"与中国报业的明天》，系统地对报业受众关系建构提出了独到的见解。从总体上看，研究成果注重探讨受众需要对于报业改革的重要性，但是很少将受众需要与报业的内容生产、平台建设和服务体系的打造相联系从而进行深入研究，也很少将受众需要与报业转型发展的需要作为利益共同体进行整合研究。因此，研究视角和深度需要进一步拓展。

3. 在关于受众理论范式的研究方面，侧重基本理论范式的梳理

周红丰的《西方受众研究脉络与发展趋势探析》以"媒介——受众"为线索对西方受众研究历史做了一个相对简单清晰的梳理，认为新的受众研究需要强调受众作为一种处于社会文化和日常生活情境之中的受众，同时依然是文本意义生成过程中的积极参与者；殷乐的《媒介融合环境下欧美受众研究的范式转化》在阐述美国传播学者尼克·寇德瑞提出的"延展受众"概念时，提出受众活动基于媒介文化展开，当代受众研究需要研究整体媒介文化；冷东红的《大数据时

代传统受众研究的不足及人群识别对策》认为传统受众研究以媒介为中心而忽略了受众的主动性和人际关系对个人行为的影响，并且梳理了目前常用到的一些社会化人群识别工具。从总体上看，受众研究理论范式的相关研究成果是把受众视为媒介文化的塑造物，"受众"在信息传播过程中的被动色彩较为浓厚。在当前信息传播模式转化的前提下，受众也在塑造、影响着媒介文化，但是这样的研究视角比较少见于受众理论范式的研究成果中。

二、国外研究现状

（一）关于纽约时报的研究

从总体上看，国外关于《纽约时报》的研究成果，视角比较微观，深入到探讨新闻生产的流程、报纸的文化符号身份、报业人才能力的建构对受众拓展的影响。例如，Nikki Usher 的专著《Making News at the New York Times》，重点阐述了即时性、互动性、参与性将新闻生产与受众拓展密切相连的重要性，同时重点分析了报业结构的变迁，认为在报业内部需要吸收具有适应数字环境能力的人才，传统记者的思维和工作习惯必须改变；William McGowan 的专著《Gray Lady Down：What the Decline and Fall of the New York Times Means for America》，阐述了《纽约时报》的影响力衰落对于媒体、美国社会和美国政治的重要意义，指出受众规模的增减是该报影响力的集中表现。

（二）关于媒介与受众关系的研究

西方关于受众基本理论的研究成果非常丰富，这为探讨报业与受众关系的建构与拓展提供了深厚的理论积淀。因此，与国内相比，关于报业受众拓展的研究成果前瞻性和针对性更强。例如，Macnamara，Jim 的《Beyond voice：audience-making and the work and architecture of listening as new media literacies》，论证了受众参与在媒介素养培育过程中的作用；Hong Tien Vu 的《The online audience as gatekeeper：The influence of reader metrics on news editorial selection》，该研究调查了 318 位传统媒体把关人，询问其在工作中，受众如何影响以及在多大程度上影响新闻把关机制，结果表明：把新闻选择机制与经济利益相挂钩的把关人更倾向于重视网络受众测量；Nadler，Anthony Matthew 的博士学位论文《Making news popular：Mobilizing U. S. news audiences from the 1970s into the digital age》，重点研究如何通过新闻动员 "70 后" 的受众迁移到数字传播环境中，论文的每章探讨不同的 "70后" 受众迁移之新闻动员模式，包括：《今日美国》和 "市场驱动" 的报纸运动、24 小时有线电视新闻的诞生和社会新闻网站的推出；Donatello，Michael C. 的博士学位论文《Assessing audiences' willingness to pay and price response for news online》，运用 "使用与满足" 理论对受众意愿与付费墙的使用进行研究，并试图回答两个基本问题：哪些因素会促使受众付费使用在线新闻？然后，他们将如何支付？研究发现，阻碍受众接受付费墙的原因主要包括受众感知支付便利程度和安全支付程度、在线新闻服务的感知价值以及取代付费墙的替代品是否具有普及性等。

第四节　研究的主要内容、方法和创新点

一、研究的主要内容

本书从受众拓展的角度研究《纽约时报》在媒介融合环境下的变革，试图为美国报业危机的缘起、表现和解决路径寻求一个多元化的解读视角。本书第一章从美国报业现状分析入手，阐述受众在传播生态圈中的角色和身份的重构，以及受众缺失的原因和后果；第二章梳理了《纽约时报》发展史中的受众拓展策略，为研究日后数字环境下的受众拓展提供历史参照；第三章重点分析当今《纽约时报》进行受众拓展设计时所依据的机制与策略，并和其他报业公司进行比较，为从第四章到第七章的论证定下研究的总体基调；第四章从编辑部转型的角度论证受众拓展执行主体发生的变化；第五章从内容的产品化经营的角度论证拓展策略应适应受众角色和消费方式的变化；第六章从平台管理的角度试图阐述《纽约时报》布局管理多元平台的重要意义以及为受众创造关系化传播环境的必要性；第七章重点研究《纽约时报》如何构建让受众增值的服务体系，以及如何拓展国际受众。

二、研究方法

（一）文献研究法

本书研究对象是《纽约时报》，延伸至美国报业，因此需要阅读和参考大量的外文资料。这些资料来源于公开出版的中英文专著、中英文期刊论文、中英文博硕士学位论文数

据库，另外还需要重点研读《纽约时报》的纸质版本、官方网站、社交媒体平台等数字化平台公开传播的数据和资料、国际数据库等。参阅和借鉴国内外学者关于《纽约时报》，乃至整个美国报业受众拓展的研究成果，为研究《纽约时报》受众拓展的机制和策略打下坚实的基础，同时也寻找现有文献的研究优势与不足，从中寻找本研究的理论突破点。

（二）比较研究法

本书主要从"纵"、"横"两个维度对《纽约时报》的受众拓展进行剖析。从"纵"的维度看，比较《纽约时报》在遭遇新媒体挑战前后的两个时间历程中的受众拓展策略，从中发现受众拓展的传承之处与改革思路；从"横"的维度看，比较《纽约时报》和美国报业同行乃至世界报业同行在建构与管理受众关系方面的异同点，探寻世界报业在受众拓展方面的共同规律对我国报业的启示。

（三）实地观察法

实地观察法指的是在非人为环境中，通过视、听、接触等行为收集资料的方法。运用实地观察法，研究者可以追踪研究对象的变化过程，直接发现有意义的行为，并通过笔记、录像或其他技术手段，将其完整地记录下来。笔者作为国家留学基金委公派的访问学者，于2015年2月至2016年2月在美国从事了一年的访学活动，在访学过程中充分地利用了这次宝贵的机会，走进《纽约时报》，深入研究其新闻生产和经营中的受众拓展措施，通过与该报从业人员的互动，对美国报业有更直观的了解。此外，在美国参加的三次国际学术会议上，即环太平洋亚洲研究论坛、美国全美新闻和大众传播教育学会2015年年会和美国全国传播协会第101届年会，通过各种渠道与参会的众多新闻传播学者进行互动交流，获得宝贵资料。

（四）个案研究法

个案研究一般将个体单元置于社会的大背景下进行分析和研究，对个体单元进行系统深入的调查分析。《纽约时报》的受众拓展有自身鲜明的特色，既是历史积淀的产物，也是该报为应对报业困境给自身设定的发展策略，不能直接平移到其他媒体身上，属于典型的个案研究。本书把受众拓展置于美国传媒语境下，对其进行多方面的审视和解读，试图从历史变迁、编辑部转型、内容的产品化经营、平台管理、关系化传播、服务多元化等多个角度研究该报受众拓展的得失。

三、创新点

（一）本书从受众拓展的角度反观报业的重生，为报业转型提供了独特的思路

受到报业数字化战略的影响，已有报业解困的研究成果即时性和功利性的色彩稍浓，导致了"技术"和"资本"两大要素成为报业脱离困境的主要选择。无论报业困境以何种形式表现出来，诸如发行量下降、广告收入锐减、纸质版本停刊等等，这背后的深层问题是受众数量减少了，报纸在受众中的影响力下降了。因此，本书从受众拓展这个选题出发，探索报业摆脱困境的策略，既能深入分析目前美国报业存在的深层次忧患，又避免了片面的、仅仅从"技术"和"资本"的角度探讨报业困境的惯常做法，为报业转型提供了独特的研究思路。

（二）本书重点分析如何建构报业与年轻受众之间的关系，在解决受众"老龄化"难题上具有新意

已有的研究成果揭示了报业年轻受众流失的严峻现实，但少有研究成果深入研究有效的治理措施。缺乏有效治理措施的研究，主要是因为过往研究往往受限于印刷媒体思维，只是集中于研究用高品质的内容吸引年轻受众，忽略了渠道和服务等因素在吸引年轻受众方面的重要性。本书试图探讨在新媒体环境下如何使用视频产品、移动内容产品、原生广告来拓展年轻受众群体，并试图探讨如何与年轻受众建立关系化传播，如何将服务体系根植于年轻受众的社会关系网中。

（三）本书深入分析了编辑部转型与受众拓展之间的密切关系，在既有研究成果之基础上形成了新的学术构架及新的论述

已有的研究成果大多集中于探讨《纽约时报》编辑部职能和结构的转变，少有研究成果研究编辑部"数字优先"和"用户思维"是如何贯穿于编辑部的所有日常环节。本书从"采编与经营适度合一"这个新颖的角度重新审视编辑部的流程再造和工作理念的转变，认为编辑部转型必须向受众资源开放，也必须借助经营部门的配合。此外，本书还重点搜集了《纽约时报创新报告》公布以来、受众拓展团队给编辑部带来的变化的各种相关资料，并且针对编辑部数字人才的使用进行了新的论述。

第一章　美国报业危机与受众拓展

第一节　美国报业现状

　　2015 年 4 月 29 日，皮尤研究中心发布了《2015 年新闻媒体现状》[①]（"State of the News Media 2015"），对美国新闻媒体的现状进行了总体盘点，展望其未来发展趋势。在报业领域，从 2003 年 9 月到 2014 年 9 月，报纸发行量持续下跌，其中，从 2005 年开始，下降趋势明显。从 2013 年到 2014 年，报纸平日刊和星期天刊的发行量都下降了约 3%。值得注意的是，报纸发行量数字的变化也与发行量统计方法的变化有关。从 2010 年开始，专门负责对全国媒体发行量进行审计的媒体审计联盟 AAM（全称是 Alliance for Audited Media）将数字订户和"品牌版本"列入了报纸发行量统计的范围。在过去的五年里，整体广告收入下降 4%，仅为 199 亿美元，2014 年的广告收入还不到 2003 年的一半。报纸的广告收入保持着一致的发展轨迹：印刷广告对于广告总收入的贡献不大，且下降 5%，数字广告产生的收入增长了 3%，但

---

　　① Amy Mitchell：《State of the News Media 2015》，http：//www. journalism. org/2015/04/29/state-of-the-news-media-2015/，2015 – 04 – 29。

不足以弥补印刷广告收入下降带来的差距。

形成鲜明反差的是，数字新闻的收入表现仍然十分抢眼。"从 2013 年到 2014 年，数字新闻的总体广告收益达到 507 亿美元，涨幅达到 18%。其中，移动终端异军突起：花在移动终端上的广告费用，占到了全部数字新闻广告收入的 37%，高达近 4 成。虽然相比前两年，涨幅略有下降，但也高达 78%，长势实在喜人。"①

由于受众的注意力和参与度迁移到了数字平台上，美国报业急需在不同的数字平台上拓展受众。"虽然 46% 的数字人口访问报纸网站，但是报纸只占整个互联网消费的一小部分，只占总访问量的 6%，占页面访问量的 0.8%，占数字平台总时间花费的 1.1%。"② 美国报业不仅要依靠其他的、现成的数字平台，而且更重要的是，自身要成为包容性强、参与度高、分享性强、功能性强、利他性强的数字平台，为受众带来各方面的利益，为受众营造社会关系网带来便利。

报纸受众的平台分布统计情况显示，"选择只阅读纸质版报纸的受众在各平台受众中比例最大，2013 年是 55%，2014 年是 56%。选择通过纸质版和桌面电脑网络版阅读报纸的受众，所占比例排在第二位，2013 年是 15%，2014 年是 11%。只使用移动终端阅读报纸的受众所占比例是最小的，2013 年

---

① 李青：《美媒年度报告：移动终端阅读已是大趋势》，http://media.sohu.com/20150506/n412499738.shtml，2015 - 05 - 06。

② 张宸：《报业正进入一种新的良性循环——第 66 届世界报业大会预言报业发展趋势》，《中国报业》2014 年第 13 期。

是3%，2014年是5%。"① 从这个统计结果可以看出，报纸受众的平台化策略比较单一，依然重点依赖纸质媒体。移动终端的受众群还需要拓展。

报纸受众拓展的重点不仅体现在规模和数量的拓展，而且体现在受众参与和融入媒介活动的程度的加深。"通过网站链接或者收藏夹直接进入新闻媒体网站的用户，比通过社交媒体进入新闻网站的用户，在受众参与方面介入的程度更深。通过facebook浏览新闻网站的受众要比其他方式浏览新闻网站的受众年轻。一些新闻网站通过facebook获得了高流量"。②

排名前五十家数字媒体中，有39家来自移动终端的流量大于来自桌面电脑的流量。但是，移动终端的受众在媒体中停留的时间不长。在排名前五十家数字媒体中，只有十家媒体的移动终端受众花费的浏览时间长于桌面电脑受众。传统的媒体在数字经济中获利方面几乎没有取得进展。"2014年数字广告收入比2013年增长了18%，达到了500亿美元。但是这些增长的数字广告收入中，传统媒体贡献的很少。与此相对照的是，五大科技公司占据了数字广告收入的一半，仅Facebook一家就占据了数字广告收入的24%。"③

---

①　《Newspaper Audience Distribution by Platform》，http：//www. journalism. org/2015/04/29/newspapers-fact-sheet/pj_ 2015 – 04 – 29 _ sotnm _ newspaper-audience-platform_ 01/，2015 – 04 – 29。

②　Kenneth Olmstead：《5 key findings about digital news audiences》，http：//www. pewresearch. org/fact-tank/2014/03/17/5-key-findings-about-digital-news-audiences/，2014 – 03 – 17。

③　Michael Barthel：《5 key takeaways from State of the News Media 2015》，http：//www. pewresearch. org/fact-tank/2015/04/29/5-key-takeaways-from-state-of-the-news-media-2015/，2015 – 04 – 29。

　　面对报业的不景气态势，美国报业采取大量降低成本、分离不景气产业的举措。例如，编辑部大幅度裁员、提高报纸的零售价格和数字订阅的价格、出售报业资产、停止制作和发行报纸纸质版等。另外，许多美国媒介集团开始把集团内部的印刷媒体业务分离出去，成立独立的印刷媒体公司，避免纸质媒体的经营困难影响到该集团其他的广电媒体和数字媒体业务。媒介集团的优势资源不再集中于报业，这种改革思路有甩掉包袱、轻装上路的特点，但也使报业的发展更加举步维艰。"美国甘尼特集团旗下媒体资产分解整合为两个独立的上市公司：一个专做广播和数字产业，另一个则专注于出版产业。论坛传媒公司将所有纸媒连同其下属网站打包成立独立的上市公司'论坛出版公司'，却把广电、数字资产抓在手里由总部直接经营。默多克的新闻集团宣布，计划将旗下在美国、英国、澳大利亚等地的报业资产拆分组建新的媒体公司。"①

　　在美国报业经营困难的大背景下，《纽约时报》一直在谋求脱离困境的道路上前进。"截止到 2013 年 9 月 30 日和 2014 年 9 月 30 日，2014 年《纽约时报》广告收入 39.6%，发行收入 55.3%，其他收入 5.7%。2013 年广告收入 40.1%，发行收入 54.4%，其他收入 5.5%。"② 从统计结果看，《纽约时报》广告收入在下降，发行收入在上升。发行

---

① 辜晓进：《美报业集团缘何热衷拆分纸媒?》，http://www.bianji.org/news/2015/04/3454.html，2015 – 04 – 25。

② 《Newspapers：Ad v. Circulation Revenue for Publicly-Traded Companies，2013 – 2014》，http://www.journalism.org/media-indicators/newspapers-ad-v-circulation-revenue-for-publicly-traded-companies-2013 – 2014/，2015 – 01 – 02。

收入已经超过了广告收入。

《纽约时报》2015 年第四季度和全年 2015 财报电话会议，① 于 2016 年 2 月 4 日上午举行。此次财报电话会议揭示出，《纽约时报》2015 年第四季度，经营利润增长至 8770 万美元，2014 年同一时期的经营利润是 6240 万美元。2015 年第四季度总收入为 4 亿 4470 万美元，与 2014 年同期持平。发行收入增长了 1.3%，而广告收入下降了 1.3%，其他收入与 2014 年同期持平。具体来说，发行收入的增加得益于《纽约时报》的数字订阅收入和家庭订阅收入，抵消了印刷版销量下降的收入。来自数字订阅的发行收入，与 2014 年第四季度相比，2015 年第四季度增加了 13.3%，达到了 5040 万美元；来自数字订阅的发行收入，与 2014 年全年相比，增加了 13.8%，达到了 1 亿 9270 万美元。截至 2015 年第四季度末，数字订阅的付费用户，累计达到 1,094,000，与第三季度末相比，净增了 53,000 名订阅用户，与 2014 年第四季度末相比，数字订阅用户增长了 20%。广告收入中，2015 年第四季度印刷广告收入下降 6.6%，而数字广告收入增长 10.6%。数字广告收入为 6990 万美元，占总公司广告收入的 34.1%，相比之下，2014 年第四季度，数字广告收入为 6320 万美元，占总公司广告收入的 30.5%。2015 年度，该公司的经营利润为 1 亿 3660 万美元，而 2014 年的经营利润是 9190 万美元。经营利润增长的原因主要在于成本的降低，包括减少的遣散费用，

---

① 《The New York Times Company Reports 2015 Fourth-Quarter and Full-Year Results》，http://investors. nytco. com/press/press-releases/press-release-details/2016/The-New-York-Times-Company-Reports-2015-Fourth-Quarter-and-Full-Year-Results/default. aspx，2016 – 02 – 04。

部分抵消了增加养老金结算费用。

从皮尤报告的研究结果来看，《纽约时报》加快数字化转型的步伐，在美国报界各项数字化转型举措中，走在了前列。截止到 2014 年 9 月 30 日，美国报纸平日刊平均发行量前五名是：《今日美国》、《华尔街日报》、《纽约时报》、《洛杉矶时报》、《纽约邮报》。[①] 截止到 2014 年 9 月 30 日，智能手机和移动设备付费订阅的美国日报前五名是：《纽约时报》、《华尔街日报》、《波士顿先驱报》、《每日摄影》、《纽黑文记录报》。[②] 截止到 2014 年 9 月 30 日，平板电脑付费订阅版本的美国日报前五名是：《华尔街日报》、《纽约时报》、《纽约邮报》、《旧金山记录报》、《休斯敦记录报》。[③] 美国设置付费墙的日报前五名是：《纽约时报》、《华尔街日报》、《波士顿环球报》、《洛杉矶时报》、《投资者商业日报》。[④]

[①] 《Newspapers：Circulation at the Top 5 U. S. Newspapers Reporting Monday-Friday Averages》，http：//www. journalism. org/media-indicators/average-circulation-at-the-top-5-u-s-newspapers-reporting-monday-friday-averages/，2016 – 02 – 02。

[②] 《Newspapers：Top 5 U. S. Daily Newspapers with Paid Smartphone/Mobile Editions》，http：//www. journalism. org/media-indicators/top-5-u-s-newspapers-with-paid-smartphonemobile-editions/，2016 – 02 – 02。

[③] 《Newspapers：Top 5 U. S. Daily Newspapers with Paid Tablet Editions》，http：//www. journalism. org/media-indicators/top-5-u-s-newspapers-with-paid-tablet-editions/，2016 – 02 – 02。

[④] 《Newspapers：Top 5 U. S. Daily Newspapers with Paywalls》，http：//www. journalism. org/media-indicators/top-5-u-s-newspapers-with-paywalls/，2016 – 02 – 02。

第二节　受众在传播生态圈中的
角色和身份的重构

　　哈佛尼曼实验室每年年底都要求新闻界和数字媒体的专家来谈谈下一年的发展趋势。2015 年底，该机构依然要求新闻界和数字媒体的专家谈谈 2016 年的新闻界的现状和发展趋势。Jennifer Choi 在《Engaging Audiences For Better Civic Discourse》中充分肯定了受众拓展工作对于媒体的重要性，并且对受众拓展工作提出了一些建议。"第一，不要要求受众主动靠近媒体，媒体要主动和受众之间建立可信赖的关系，而这种关系是要能给受众带来价值的。第二，把受众看作开发媒体新的潜力的机会。第三，在开拓新的受众群方面，媒体要具有和多样化人群建立关系和拓展关系的能力。"①

　　当今传播生态圈中，受众在信息传播过程中能动性越来越强，已经和媒体一道成为信息传播中传播权力的实施者，不再是过去被动接受和辅助配合的角色。受众在寻找和接受信息时，自我支配性已经成为显著特征。受众的信息需求、信息搜索习惯、信息处理方式、信息分享方式等，影响着整个信息传播过程的流向。受众主动地对信息传播过程施加影响，并自由地决定选择任何一家媒体，投入其内容生产、服

---

　　① Jennifer Choi：《Engaging Audiences For Better Civic Discourse》，http：//www. niemanlab. org/2015/12/engaging-audiences-for-better-civic-discourse/，2015 - 12 - 30。

23

务生产和关系生产的全过程。

新媒体产业发展的逻辑下，越来越多的学者建议用"用户"代替"受众"指代信息传播过程中相对于媒体的另一极。谢湖伟、吴静在《新媒体环境下如何创造用户体验》中指出，"'受众'概念只突出规模与数量，无法体现参与程度；只注重被动的一面，忽视其积极的一面；只显示了其在传播过程中所处的位置，掩盖了其个性特征。与'受众'的概念相比，'用户'具有个人性、自主性、互动性、参与创造性等鲜明特征"。[①] 温世君在《拥抱"互联网+"的基础是用户思维——受众角色的重构与媒体转型》中指出，"作为用户的受众，不仅仅是需要媒体提供的单向的信息和内容，而是需要媒体提供与内容和信息相关的服务"。[②] 从这些学者的角度看，"受众"的概念限制了媒体的发展。"受众"的概念意味着媒体面对的是一个很少合作、很少配合的参与者，媒体在进行内容营销、关系营销和服务营销时，再生产和再分配的资源、时机、精力等方面会受到限制。媒体的发展，急需寻找到一个能与之对位的合作对象，在对合作对象的界定中拓展媒体自身的发展空间。"用户"的概念对媒体而言意味着拥有合作性强和延展性强的工作对象，也意味着媒体在进行营销时拥有了精准的对象。从信息传播范式的转变来看，"用户"意味着传播关系的多向化，用户之间拓展关系也是非常重要的，而以往的"受众"关系注重媒体与受众之

---

① 谢湖伟、吴静：《新媒体环境下如何创造用户体验》，《传媒》2011 年第 10 期。

② 温世君：《拥抱"互联网+"的基础是用户思维——受众角色的重构与媒体转型》，《电视技术》2015 年第 16 期。

间的互动，缺少建构受众彼此之间关系的考虑。总之，提出用"用户"取代"受众"，是媒体对于传播关系再建构的一种考虑。

笔者认为，用户指的是产品和服务的购买者和使用者，它具有浓厚的营销色彩，可以在任何行业使用。例如，"报纸读者的详细数据是未知数，不知道哪篇报道最受他们欢迎，没有任何个体的相关信息。而传媒用户的信息是可以自动生成的，通过对用户行为监测获得的数据进行分析，让传媒更加详细、清楚地了解用户的行为习惯，让产品设计、推动、营销更加精准、有效"。① 但是，传媒行业除了具有盈利的目标外，还有公共论坛和文化传播等价值诉求，简单地用"用户"代替"受众"，忽略了传媒行业的文化属性。而且，受众群体的复杂性和使用媒体动机的复杂性并非只是消费和使用媒体信息与服务那样简单。笔者认为，"用户型"受众的称呼更符合美国报业的现状。为了陈述方便，下文还是用"受众"指代"用户型"受众。

美国报业在演变过程中，受众在传播中的角色是不断变化的，身份是不断变化的。过去，报业垄断传播过程，处于"单治"状态。现在，媒体与用户"共治"。美国报业与受众关系的变迁说明了美国报业对受众角色和作用的认知在不断发生变化。这种变迁经历了以下几个阶段：第一，施与受的关系：报纸对于受众的认知是，受众购买其信息和服务，除此之外没有其他关系；第二，互惠合作的关系：报纸对于受

---

① 章宏法：《报纸读者与传媒用户的四大差别》，《新闻实践》2013 年第 11 期。

众的认知是，受众是报业的支持者和促进者；第三，传受合一的关系：报纸对于受众的认知是，受众和报业结成共创者联盟，但是美国报业包括《纽约时报》，还没有完全把受众转化成共创者。美国报业对于受众身份认知的变迁过程，实质上是美国报业发展策略的不断调整的过程。在上述的美国报业对受众角色身份的认知过程中，第一个阶段，美国报业的发展策略是注重报纸内容质量，用优质的报纸内容换取受众影响力资源，进而获得广告收入和发行收入。第二个阶段，美国报业开始注意到网络等新媒体平台，推出网络版，实施付费墙策略，争取把核心受众群转化成付费订阅用户，并且意识到受众资源挖掘的潜力。第三个阶段，美国报业意识到把受众作为内容生产、关系网建构、服务体系打造的同盟军的重要性，但是这个同盟军的打造过程还在继续。

第三节　报业危机的最大后果：受众缺失

报业危机的表层影响是，发行量下降、广告收入下降、市场占有率下降，其背后的核心影响是受众缺失，受众在远离报业，远离报业的信息服务和分发渠道。受众缺失的实质是，报业与受众的关系建构没有成功，报业流失了受众的注意力资源和共创资源，导致报业困境。

一、受众缺失引发报纸产业链失衡

在信息传播的前 2.0 时代和后 2.0 时代，报纸产业链发生了变化，受众拓展的职能半径也在发生变化。

在信息传播的前 2.0 时代，报纸垄断全产业链，是多种角色的扮演者：内容提供者、渠道提供者、终端提供者。在这些角色中，内容提供者所承担的受众拓展的任务更多一些。好的内容预示着自然会有合适的渠道和终端相匹配。报业把受众拓展的重点放在了内容建设上，认为好的内容自然会吸引受众。

在信息传播的后 2.0 时代，多元化角色被缩减，渠道提供者和终端提供者的角色在快速弱化。报业的渠道和终端已经被移动媒体和社交媒体挤占，不再具有渠道和终端的优势。自身的内容产品需要放到社交媒体等平台上进行营销。内容生产的垄断地位也在失去，互联网和移动新媒体在内容生产方面加大了对报业的挑战。内容、渠道、终端等环节都在流失受众。

二、数字新闻文化理念尚未完全建立

数字新闻文化理念已经成为美国新闻业的前沿思想。美国《纽约时报》2015 年 6 月 4 日刊登题为《欢迎来到数字帝国主义时代》一文。文章称，"在世界各国，外来文化被主动传播；数字帝国主义通过技术传播价值观，这些技术包括手机、社交媒体、游戏等；技术带来便利的同时，也在威胁整个世界的原有价值观。"[①]

传统报业新闻文化的核心是新闻专业主义，是精英掌控的媒介文化。数字新闻文化的核心理念是，人人是创造者和

————————

① 杨宁昱：《外媒："数字帝国主义"时代到来》，http：//column. cankaoxiaoxi. com/2015/0608/809591. shtml，2015－06－08。

参与者，也就是受众参与和受众共创的媒介文化。因此，数字新闻文化是由媒体和受众共同书写的。随着社会化网络时代的到来，受众的大规模连接、大规模参与及大规模协作成为主导媒介文化生产的新规则。① 社会化网络是由大众参与的生态网络，其所构建的媒介文化亦是一种大规模的参与式文化体系。亨利·詹金斯指出，"参与式文化主要发生在'消费者个人的大脑及与其他消费者的社会互动之中'。换言之，参与式文化首先体现为媒介消费者向媒介生产者的角色转换，受众可以自主地参与到媒介内容的生产、传播和再生产中"。②

数字新闻文化理念与传统的精英式新闻文化理念最大的不同，是前者把新闻看作是全世界共享的财富，后者把新闻看作是本行业领域内的财富。前者把对新闻的理解和对新闻行业的理解建立在人类社会的联结基础上，后者把对新闻的理解和对新闻行业的理解建立在本行业的联结基础之上。前者把受众看作是合作共赢的伙伴，后者把受众看作是谋取盈利的对象。现代社会信息传播范式的转变，把信息传播的权利分享给了不同的社会共同体，为了满足受众的信息需求，不同的社会共同体应该联合起来，共同为信息传播贡献资源、渠道和平台等。传统媒体目前的困境，很重要的原因是跳不出行业利益的局限性，没有与其他社会共同体的信息文化相对接，没有充分利用其他社会共同体的信息、资源、渠道和

---

① 蔡骐：《社会化网络时代的媒介文化变迁》，《新闻记者》2015 年第 3 期。

② 蔡骐：《社会化网络时代的媒介文化变迁》，《新闻记者》2015 年第 3 期。

平台等。传统媒体的数字新闻理念应与报业的发展理念相融合。传统媒体的数字化转型，不仅是技术和经营管理领域的数字化转型，更关键的是从传统新闻理念向数字新闻理念的转型。在受众拓展的过程中，重塑开放、分享、平等的媒体文化价值观。

数字新闻理念的执行者首先是报业自身的组织和内部专业人士。但是，目前来看，数字新闻文化理念尚未在《纽约时报》内部完全成为核心文化。虽然目前《纽约时报》积极布局社交媒体，但是媒体人陈旧的观念还依然存在。首先，传统媒体人不认可社交媒体等数字平台给媒体转型带来的益处。很多《纽约时报》的编辑部员工依然认同创造高质量的内容产品是报纸转型的唯一途径，忽视数字平台的存在，认为这些数字平台只不过是传统媒体的辅助传播手段而已。第二，传统媒体人认为，重视编辑部中技术人员团队的建设，会使内容生产陷于"技术至上"的思维怪圈。《纽约时报》的编辑部人员中，有不少人认为该报纸的优势在于文化品牌内涵的挖掘，过于看重技术，会使该报的文化内涵变得浅薄。数字文化新闻理念在《纽约时报》的推广面临着内容生产者专业理念的重建。专业理念重建的第一个前提是，内容生产者的身份已经不再由编辑和记者垄断。用户型受众和编辑、记者共同承担内容生产的任务。专业理念重建的第二个前提是，不仅重视内容生产质量，而且要重视平台建设和服务建设。科技含量的渗透和技术团队的搭建，有利于平台建设和服务建设。

数字新闻文化理念渗透较深入的纸媒代表是英国《卫报》集团。2012 年，英国《卫报》集团提出的"开放式新闻"（open journalism）模式，强调了媒体与受众共创、共享价值的重要性。在践行数字新闻文化理念方面，《卫报》建立跨国网络新闻媒体，吸纳全球网络媒体的用户流量；跨产业"协同合作"，创新"媒介融合"合作模式；从"内容"提供商转为"电子商务"提供商，搭建平台收取服务费；结合"大数据分析"技术，践行新"眼球经济"。①

三、美国社会结构的变迁是受众缺失的重要原因之一

在信息传播的前 2.0 时代，《纽约时报》凭借优质的内容和良好的社会信誉，为自身赢得了巨大的社会影响力和盈利能力。但是在信息传播的后 2.0 时代，尽管《纽约时报》仍然是美国媒介文化的旗帜性符号，但是其社会影响力和盈利能力无法对等，即社会影响力无法完全转化为盈利能力。

受众的缺失，社会结构的变迁在其中发挥着重要的作用。

第一，人口结构的变化直接决定着受众结构的变化。2010 年美国人口普查局发布人口普查报告称，"2000 年，少数族裔人口占全国人口的 30.9%；2010 年，少数族裔人口占全国人口的 36.3%；2012 年，少数族裔人口占全国人口的 37%"②。据推测，"2043 年，白人人口将不再占据美国人口中的大多数。这是一个历史性的转变，而且已经正在重塑这个国家的学校、劳动力和选民的格局，并重新定义了长久以

① 张煜麟：《"开放式新闻"商业模式的兴起与运作特点——以英国〈卫报〉新闻集团为例》，《现代传播》2014 年第 7 期。

② 孔祥永：《希望与恐惧：美国人口的悖论》，《美国研究》2014 年第 5 期。

来的种族观念"。① 从人口统计数据来看，近十几年来，美国
白人在人口比例中的下降，使得《纽约时报》这份秉持为社
会精英办报的报纸，面临着核心受众数量和规模下降的现实。
少数族裔人口并不是《纽约时报》面世以来的核心受众，所
以，该报在执行受众拓展策略时会遭遇核心受众规模发展空
间不足的问题，也会遭遇文化价值观差异带来的社会影响力
和盈利能力下降的问题。

　　除了人口数量和结构的变化，人口的文化素质对于受众
拓展政策也有重要影响。毕竟，使用《纽约时报》的信息产
品、服务产品和关系产品，需要受众具有较高的文化素质。
根据美国教育部和美国国家识字研究所 2013 年开展的一项调
查，"14% 的成年人口（也就是 3200 万人）不怎么识字，
21% 的人阅读能力低于 5 年级要求的水平。19% 的高中毕业
生不识字。美国东北部文盲率较低，而在密西西比州等南部
一些州，文盲率则较高"。② 因此，人口结构和人口文化素质
的现状以及未来发展趋势，使得《纽约时报》原先以美国白
人受众为重点的受众拓展策略必须进行调整。

　　第二，中产阶级对于严肃新闻的需求在下降。美国社
会的媒介消费的主流人群是中产阶级。这部分人群容易受
到经济大潮的影响，税负最重，经济压力大。中产阶级为
了维护自身在政治和经济上的地位，渴望维持稳定的生活，

---

　　① Hope Yen. Census：《White Population Will Lose Majority In U. S. By 2043》，http：//www. huffingtonpost. com/2012/12/12/census-hispanics-and-black-unseat-whites-as-majority-in-united-states-population_ n_ 2286105. html，2012 - 12 -12。

　　② 季寺：《美国也为识字率问题所困?》，http：//www. thepaper. cn/newsDetail_ forward_ 1416170_ 1，2016 - 01 -04。

愿意在完善自我和发展自我上面投资，拥有不愿意卷入政治斗争的心理。这部分人群最关注媒体给自身带来的信息资源、关系资源和服务资源，希望把媒体当作维系稳定生活的桥梁和纽带。因此，中产阶级受众的这种社会心理，导致这部分受众对于反映公众利益的新闻兴趣不大。美国的主流报纸，尤其是以《纽约时报》为代表的报纸，一向擅长报道严肃、庄重、反映公众利益的硬新闻，面对中产阶级对于严肃新闻的需求下降的趋势，也同样面临着这部分受众流失的现实。

第三，社会结构的变迁导致媒介消费形态的变化。2015年，美国皮尤研究中心的调查结果说明，美国家庭中选择通过台式电脑上网的比例在下降。"数据显示，目前只有67%的美国人家中拥有高速宽带，这一比例低于2013年的70%。大约13%的受访者表示自己在2015年仅仅通过智能手机访问互联网，这一比例相比两年前的5%提高了整整8个百分点"。[①] 宽带安装率的下降，说明了移动互联网传播正在代替台式电脑成为美国家庭媒介消费的重点。此外，美国社会的媒介消费习惯也在发生非常明显的变化。越来越多的受众，尤其是年轻受众选择利用社交媒体的渠道来查阅信息、发布信息和分享信息，而且越来越多的受众拥有移动通讯工具，获得和发送信息的时空呈现碎片化的特点。针对美国受众媒介消费习惯的变化，媒体商业模式发生了变化。《纽约时报》决定走数字用户付费模式的道路。该报在报摊面向报纸买家

---

① 张海龙：《皮尤发报告称：美国宽带安装已处于停滞状态》，http://tech.hexun.com/2015-12-25/181411263.html，2015-12-25。

提供网络版的访问密码，凭借这个访问密码，已购买该报纸质版的受众可以免费获得所有该报数字版的内容。这是一个过渡措施，《纽约时报》希望通过这个方案，将更多受众尽早转变为网络版（包括移动 APP）的付费订户。

第二章　《纽约时报》发展史中的受众拓展

在《纽约时报》发展史中，凡是涉及受众拓展的部分时，始终有一个核心词汇在发挥着重要作用——忠实受众。该报的忠实受众属于社会的精英人群和富裕阶层。"该报严格遵守其刊登'所有适于刊载的新闻'的宗旨，完全符合有涵养的富裕阶层的要求。作为优质商品的广告媒体，该报的价值也一直稳步攀升。虽然其读者人数难比那些较开放的报纸，但该报读者更有钱，毕竟这些人才是广告客户追逐的目标。"①

第一节　通过全国策略拓展异地受众

美国报业格局中，主要以地方性报纸为主，全国性报纸只有很少的几家。《纽约时报》就是美国为数不多的全国性报纸之一。作为全国性报纸，《纽约时报》因其定位，偏重于生产全国重点时政新闻和高品质的文化艺术类内容产品，在经营管理上瞄准的是全国核心受众群。《纽约时报》在实

---

① ［美］迈克尔·舒德森：《发掘新闻：美国报业的社会史》，陈昌凤、常江译，北京大学出版社2009年版，第96页。

施全国策略拓展异地受众时，既有集中的策略，也有分散的策略。第一，集中的策略使得全国受众对于《纽约时报》的品牌符号形成统一的认知。《纽约时报》在全国推广自己的报纸时，使用统一的品牌管理系统，各地的推广策略都是一致的。第二，分散的策略使得《纽约时报》在进行跨区域的品牌经营时，能够做到因地制宜、因时制宜。《纽约时报》每天发行的纸质版本有多个地方版本，每个地方版本和母版相比，主要是在本地新闻版面、财经新闻版面、体育新闻版面、气象新闻版面等处有所不同，地方版本更加强调用新闻接近性的规律来吸引地方受众、凸显地方特色。另外，纸质版的《纽约时报》因为受到截稿期的影响，该报会在一天的时间内发行不同的时间版本。

另外，《纽约时报》通过各种发行渠道占领全国市场，拓展全国受众。"《纽约时报》目前在美国217个市场点实行家庭递送，比5年前多了155个点。它还与'星巴克'签约，在这个咖啡零售店的2200个美国经销点出售《纽约时报》。这些优先权帮助《纽约时报》转变成为一张真正的全国日报。《纽约时报》过去六七年中增加的全都是全国订户，其在纽约市的发行份额甚至还不如居全国第六位的纽约《每日新闻》。但是《纽约时报》在美国其他地区的订阅量不断增加，已经超过了在纽约地区减少的订阅量。"[1] 在此基础上，"《纽约时报》报业集团大力收购并购各地的地区性报业集团，并将其作为全国战略的主力军。例如，《纽约时报》报

---

[1] 储信艳：《纽约时报公司的经营策略》，http://chinesejournalist.xinhuanet.com/html/200507/20050724.htm，2005 – 07 – 24。

业集团于 1993 年收购的《波士顿环球报》，就是作为进军全国战略的一部分。"①

第二节 通过全球策略拓展异域受众

《纽约时报》进行全球传播，拓展异域受众，既有经济方面的考虑，也有文化方面的考虑。从经济的角度看，《纽约时报》在美国国内属于全国性报纸，主要的竞争领域是全国性市场。全国性市场空间已经饱和，《纽约时报》需要开辟新的国际市场，拓展国际受众。从文化的角度看，《纽约时报》是美国社会文化和价值观的象征性符号，承担着向国内外传播美国主流价值观的责任。该报为了在国际范围内传播美国的主流价值观，急需拓展国际受众群，使其成为核心受众。

为了进一步贴近读者，1870 年，《纽约时报》出版了德语增刊，打入德裔居民区，当时德裔纽约人占全市人口的 1/4。② 2002 年底，《纽约时报》开始向墨西哥及中美洲地区的报纸提供该报的西班牙版。2003 年，收购《国际先驱论坛报》，为其进军国际市场打开了一扇大门。目前，《纽约时报》报业集团的全球战略正如火如荼地进行着，《纽约时报》在法国《世界报》上已设有版面，在欧洲、拉美等地区的报

---

① 李翔：《纽约时报报业集团成功之道》，《印刷技术》2007 年第 34 期。
② 熊波：《报业进化的缩影——〈纽约时报 150 年〉（上）》，《南风窗》2001 年第 12 期。

纸上也占有一席之地。①

第三节　通过跨媒体策略拓展数字受众

随着网络媒体的兴起和网络受众规模的不断扩大，《纽约时报》只依靠经营纸质版产品的运营方式受到了媒体生态环境变化的影响。该报认识到，只依靠一种渠道或者平台，风险是非常大的，应该开辟新的渠道和平台。在这种理念的指导下，1996年，《纽约时报》的官方网站诞生了。随后，在《纽约时报》统一品牌理念的指引下，不同功能定位的网站纷纷出现。《纽约时报》希望用跨媒体经营的方式给予受众更好的内容产品和服务。

跨媒体经营，是将不同平台和渠道内的媒体内容资源、关系资源、服务资源重新进行整合，优势互补，共享全媒体产业链上的收益，降低内容生产和经营管理中的成本。从受众拓展的角度看，单一的媒体平台已经满足不了受众建立立体的、多层次的关系网的需求，也满足不了受众对于一站式服务的需求。《纽约时报》从20世纪90年代开始，实施跨媒体发展策略。初始的跨媒体经营策略，着眼于"大而全"思路，积极布点，将品牌延伸到不同的媒体平台上，还未顾及到多元化平台和渠道的整合，也未顾及到不同平台和渠道的差异性。这样的经营思路，是站在媒体垄断内容生产全过程的角度，未把受众纳入媒体发展的计划中，未曾设想：受众

---

① 李翔：《纽约时报报业集团成功之道》，《印刷技术》2007年第34期。

需要什么样的媒体融合，需要什么样的跨媒体经营效果。

1995 年，《纽约时报》公司在总裁阿瑟·苏兹伯格（Arthur Sulzberger）的领导下开始向新媒体转型。在转型的初期，公司的主要战略是建立网上的传播平台，要求三大战略业务单元——报纸集团、广播集团、杂志集团下属的各家媒体独立建设自己的网站。此后，以报业集团中的《波士顿环球报》建立 boston.com 网站为先导，其他子公司陆续跟进，集团用 4 年的时间先后建立了 30 多个不同类型的 web 网站。这些网站中既包括当时流行的新闻网站（如 NYTimes.com），又有在当时颇具创新意味的地区门户网站（如 Boston.com）。经过数年发展，到 1998 年时，NYTimes.com 和 Boston.com 已经成为美国报业公司中最优秀的新闻网站和地区门户网站。①

《纽约时报》的跨媒体经营策略实施的出发点是，在不同的媒体平台延长内容产品的产品链，降低内容产品生产的成本，在不同渠道扩大品牌影响力。但是，跨媒体经营策略要根据受众消费行为的变化进行不断的调整。在该项策略实施的早期，为了占领各个渠道的市场，《纽约时报》全面布局各种媒体平台，在各种媒体平台推出内容产品，但是，内容产品只是印刷版产品的简单调整，并未根据不同媒体平台的特点量身打造独特的产品。在该项政策实施的中期，《纽约时报》的跨媒体平台策略侧重于数字平台，尤其是网站和移动媒体。注重引进数字技术团队，为受众生产数字内容产品。

---

① 毕小青、王代丽、范志国：《纽约时报公司新媒体战略及对中国报业的启示》，《重庆广播电视大学学报》2009 年第 2 期。

其他传统媒体渠道的内容产品，有所收缩。在该项政策实施的晚期，精简内容产品在多元化媒体渠道上的投放，将焦点放在两条发展线上，一条线是经营《纽约时报》这家核心报纸，另一条线是经营好数字化内容产品、服务产品和关系产品，这两条发展线的交汇点是将核心受众群转化为付费订阅用户。《纽约时报》未来的发展趋势，是在一个统一的数字化平台上进行生产和经营，跨媒体经营即将成为一个陈旧的词汇。

第四节　通过家庭订阅稳固核心受众

家庭订阅是美国报纸的最主要的发行方式，《纽约时报》也是如此。美国社会的住房结构、家庭结构、信息消费习惯决定了家庭订阅这种发行渠道比零售等渠道更普及。家庭住户通过电话和网络联系《纽约时报》的发行部门，表达订阅报纸的意愿，第二天发行部门就送报上门。一般情况下，每天送报工作都能确保在家庭住户早上上班之前完成。

在《纽约时报》发展史上，家庭订阅是最主要的发行渠道，也是拓展受众的主要渠道之一。该报之所以选择这一渠道有多方面的考虑。首先，家庭订阅报纸的方式，可以培养家庭的阅读氛围，使家庭成员阅读《纽约时报》的行为成为一种家庭记忆符号，随着时间的流逝传承下去。第二，选择家庭订阅方式的受众，一般订阅一个固定时期的报纸，这样《纽约时报》就可以保持与受众较长时间的联系，了解他们的阅读喜好和互动喜好，根据其反馈改进报纸的质量。第三，遇到天气突变等容易影响零售发行的情况，家庭订阅保证了《纽约时报》发行量的稳固。第四，家庭订阅的付款方式是预付款制，即先付款后送报上门，这样保证了《纽约时报》能及时收回办报成本，将订阅费用于提高报纸质量上去。第五，家庭订阅方式依赖报纸部门的发行员工，他们通过长期送报与受众建立了稳定长久的联系，可以为受众提供优质的服务，加深受众对于《纽约时报》品牌的了解和喜爱。

第五节　通过读者来信加强受众参与度

读者来信是报纸在纸媒辉煌时期联系受众的重要方式。《纽约时报》"读者来信"版与该报"社论"版同属于社论评论部管辖。"社论"版发表的评论是代表该报编辑部的基本立场和态度。"读者来信"版里的文章来自于该报的忠实读者，通常就近期该报的热点新闻事件、新闻人物、新闻评论发表自身的看法。"读者来信"版里面呈现的观点往往与"社论"版并不一致，这就给受众多维度地了解和分析新闻事件和新闻人物提供了一个多元观点展示的平台。《纽约时报》每天发表约十几篇"读者来信"，主题涵盖政治、经济、社会、教育等多种领域。下一期的"读者来信"版会对上一期的读者来信版的内容进行呼应，提供更多多元化的视角和表达方式。不同阶层和不同年龄的受众都可以在"读者来信"版找到自己所关注的公共话题，同时也可以观察到其他职业和阶层对同一问题的不同见解。此外，《纽约时报》也可以从"读者来信"版发现进一步的新闻线索，并将其提供给内容生产部门。因此，"读者来信"版是早期的受众参与内容创作、共享内容成果的一种形式。随着数字技术的进步和社交媒体的发展，"读者来信"版这种报纸的反馈机制已经落后了，因为它只能在次日提供受众的意见。而且，受众在有表达自身意见和观点的愿望时，首选的发布平台也不再是报纸，而是可以随时随地发表观点的社交媒体了。"读者来信"版的筛选机制比较严格，所挑选的以供发表的信件有数量上的限制和尺度的把握，网络平台和社交媒体平台在这方面的管理比较松，受众写作的自由度更大一些。

第六节　通过多种方式加强与受众的联结

《纽约时报》一直致力于拓展未来受众群，培养该报的潜在受众，特别是在年轻受众中培养对该报的忠诚感，因为年轻受众是未来媒介竞争所要争取的重点人群。报纸参与教育工程是将教育产业与媒体产业结合在一起的一个项目。在媒介发展历程中，媒介担负着社会教育的责任，不仅传递给受众文化知识，而且传递给受众社会伦理规范和社会主流价值观。校园的课堂上需要新鲜的教辅材料，《纽约时报》擅长科技报道、教育报道、文化报道，可以利用这些内容生产的优势为校园师生量身打造信息产品。该报的这项规划基于综合因素的考量，既可以凭借其品牌价值为师生提供文化精品，提升教育质量，又可以增加发行收入。

时任深圳特区报业集团总编辑助理兼英文深圳日报总编辑的辜晓进先生，第二次采访《纽约时报》总编辑豪厄尔·

雷恩斯时，就曾请他着重谈了该报的报纸参与教育工程情况。他说："报纸参与教育工程的目的是令年轻人从学校起就成为我们的读者。我希望他们从学生时代就开始习惯于阅读纽约时报，毕业后成为我们的订户或稳定的读者。"据雷恩斯称，《纽约时报》早在60年代即开始报纸参与教育工程，而当时并无电子媒介的冲击。报纸这样做的目的就是以该报强大的文化科技教育内容影响下一代，同时为自己培养未来读者。但该工程在70年代至80年代的经济衰退期停了约20年，报社现任领导认为停止的决策是错误的，因为这一停减少了许多潜在订户。该报于90年代恢复这一工程，专设两个部门负责此事：一个叫做"下一代部"（NextGenerationDepartment），还有一个叫做"学校部"（SchoolandCollegeDepart-ment）。①

美国各家报纸都认识到了报纸参与教育工程的重要性，纷纷发挥各自的优势，在核心受众人群中宣传报纸参与教育工程，并争取慈善团体和机构为该项事业注入发展资金。"据美国报纸协会去年统计，2000年全国有950家日报定期开展NIE工程。这些报纸向全国10.6万所学校提供报纸，有38.1万名教师在课堂上使用报纸提供的内容辅导学生，当年美国日报的学生读者达1450万"。②美国报纸，包括《纽约时报》在拓展校园师生受众时，具体采用了以下策略：报纸专门开辟教辅材料专版或者专栏；赞助和支持校园文艺活动或者体育活动；教师将报纸上的特定内容作为教学材料；帮助学校

---

① 辜晓进：《居安思危——美国报纸的教育工程》，http：//www. people. com. cn/GB/paper79/7522/721090. html，2002 – 10 – 26。

② 辜晓进：《居安思危——美国报纸的教育工程》，http：//www. people. com. cn/GB/paper79/7522/721090. html，2002 – 10 – 26。

培养校园记者，并给学生提供媒体实习机会；免费或者低价将报纸提供给师生阅读等。

20世纪90年代初，《纽约时报》为了满足青少年从网络上获得信息的需求，按计划推出了专门的网站，师生进入这个网站后，按图索骥，就能找到课堂教辅材料、优质的科技报道和文化报道、师生和采编人员互动的专题板块等。师生还可以在网站上订阅感兴趣的信息产品，《纽约时报》会将订阅的信息产品都通过电子邮件的形式传送给师生。校园记者会把学校里新鲜的、有趣的、重要的新闻在第一时间里发送给报纸参与教育工程的网站，经过编辑人员的审核把关之后，所有师生就能在网站上看到了。报纸参与教育工程的形式和方法需要与时俱进。在网络时代，培养《纽约时报》未来的受众，要通过该报为年轻受众开办的各种网站、发送电子邮件、发行电子出版物等多种形式，吸引受众注意并且消费该报的信息产品、关系产品和服务产品等。另外，《纽约时报》曾经赞助或者组织各项网络文化活动，主动走进年轻受众的生活中，与他们建立联结。

《纽约时报》除了通过报纸参与教育工程联结潜在和未来的受众之外，在与受众互动方面的效率非常高。《纽约时报》在自己的纸质版和官方网站上刊登所有部门（包括采编部门和经营管理部门）的负责人的联系方式，例如电话和邮箱等。受众如果想与报社的任何一个部门联系，表达自己的要求和建议，可以选择任何一个渠道直接与内容生产或者经营管理部门进行沟通，而且任何一个部门都重视与受众沟通的效果。此外，《纽约时报》还通过更正制度来向受众说明改错的态度以及传播准确的信息。《纽约时报》

每天发行的纸质版的第二版和官方网站上，开辟有更正专栏，对此前该报刊发的不准确信息进行道歉，并且重新刊登修订后的信息。这样的做法有利于受众避免因为错误的信息做指导而履行了错误的行为，有利于在受众心目中树立该报诚信的公众形象。

第三章　当今《纽约时报》受众
拓展的机制与策略

第一节　以品牌影响力作为受众拓展的基础

《福布斯》（Forbs）在《总被 CMO 忽略的六个品牌战略》一文中提出了六个品牌战略："第一，消费者参与不可或缺。第二，品牌标识通俗易懂。第三，品牌激励人心，给人以希望。第四，持续创新与零缺陷执行。第五，给予与分享。第六，关注品牌的核心价值"。① 因此，品牌是消费者和企业共同打造的一种精神象征物，它已经深深地融入了消费者的生活中，不断带动和满足消费者的精神需求。具体结合传媒领域来谈，品牌影响力是受众拓展的基础。品牌不是《纽约时报》自己创造出来的，是报纸和受众共同创造出来的。所以，该报要吸引用户参与，创造和分享所获得的共同福利。这种共同福利给《纽约时报》和受众带来了双赢的局面。一方面，品牌的文化内涵赋予了该报和受众对于精神生活的共同追求、对于生活方式的共同追求和对于价值观念的共同追求。在共同追求精神需要的过程中，品牌会发现受众

---

① 《总被 CMO 忽略的六个品牌战略》，《商学院》2014 年第 5 期。

对于该报的信息需求、关系需求和服务需求，并努力满足这些需求，为受众的社会资本增值。另一方面，受众在向品牌寻求满足需求的过程中，对于该报的内容生产和经营管理反馈了有益的改进建议，该报据此改善自身的生产能力和服务能力，使得品牌继续保持引领受众获得更好的物质生活和精神生活的能力。

品牌被看作是产品和服务的象征，这个象征意义展示的过程，即《纽约时报》与消费者、公众、相关组织及媒体关系形成的过程。"凯文·莱恩·凯勒提出了基于消费者的品牌资产概念，即主要从消费者对品牌的反应，而非从财务方面去衡量品牌的价值。根据他的观点，具有强大价值的品牌，应当不仅有较高的知名度，而且更重要的是与消费者建立了关系，让消费者联想到它所代表的利益。一旦消费者将品牌与其能得到的有形和无形利益紧密联系在一起，那么，消费者就会主动购买，对品牌忠诚，而且愿意为此支付较高的价格"。① 因此，《纽约时报》应格外重视在品牌塑造过程中与受众建立和深化关系的工作，即与受众建立持久的品牌关系，提高受众品牌忠诚率，与受众共享品牌价值。从深层次来说，《纽约时报》与受众建立持久的品牌关系，实质上是该报与受众发展成为利益共同体，而且这种利益共同体关系是受众在其他媒体平台上获得不了的，具有不可替代性。

---

① 董雅丽、刘荣华：《品牌塑造中的关系营销应用研究》，《生态经济：学术版》2006 年第 10 期。

一、品牌效应融入受众体验式传播

（一）维护并巩固核心品牌

在近几年的传统媒体升级改造中，美国报业的转型，一直采用抓大放小的策略，即守住核心资产，巩固核心品牌，出售经济效益不太好的子品牌。《纽约时报》集团也是如此。该集团集中火力全力发展《纽约时报》，卖掉了除《纽约时报》之外的其他所有报纸产业。

维护并巩固核心品牌的过程就是建构人与品牌关系的过程。"'人——品牌'关系是对人与品牌关系的总体描述。在'人——品牌'关系中，自我、自我概念、自我建构、自我动机、品牌个性、品牌依恋、品牌至爱、自我品牌一致性、自我品牌联结、消费者态度等是受到最多关注的概念。由于消费者的购买行为受到他们自我概念的影响，在购买过程中，消费者更倾向于选择那些与自我形象相一致的产品或品牌。已有研究表明，品牌形象是消费者对品牌进行评估的主要依据，消费者对品牌形象的判断，会影响他们的品牌忠诚以及是否进行正面的品牌延伸、口碑传播等意愿。也就是说，消费者的正面品牌延伸和口碑传播是以积极的品牌形象为基础的"。①

报纸的品牌不仅是岁月积淀下内容和服务的整体影响力，而且体现在记者和编辑的个人品牌上。《纽约时报》的内容生产领域，一向以生产新闻精品著称，其严谨的新闻伦理规

---

① 黎耀奇、关新华：《从人—品牌关系到人—地关系：自我目的地联结》，《旅游学刊》2015 年第 9 期。

范也深深地影响着记者和编辑。记者和编辑等内容生产者的生产方式、编辑方式、与受众互动的方式等都深深地带有《纽约时报》新闻生产的烙印。《纽约时报》善于培养优秀的记者和编辑，受众经常是通过阅读所喜爱的该报专栏作家的作品而喜欢上阅读该报的。记者和编辑的个人品牌的培育，除了造就了其个人风格、培养了忠实受众之外，还使《纽约时报》的品牌变得更加具有亲和力。"当下，美国报纸要求每位编辑和记者都要有自己的某一社交媒体的账号。在这些社交媒体上，每位记者和编辑负责向粉丝推荐所在报纸的信息和其他服务。社交媒体账号的传播力是记者和编辑业务能力的重要依据。当然，报纸对于记者和编辑使用社交媒体有着严格的要求，个人的社交媒体账号不能发布没有经过报纸允许公开的新闻报道"。[①]

（二）在资源与能力允许的情况下拓展新品牌

品牌代表什么产品，它提供什么核心利益，它将满足什么需求，品牌以何种方式使产品品质更优良。当公司采用已建立的品牌推出一种新产品时，这个产品成为品牌延伸。"品牌延伸一般可分为两类。产品线延伸，是母品牌在它目前的产品类别中又涉及了一种新产品。类别延伸，营销者将母品牌用于进入一个与现有产品类别不同的大类。在品牌延伸的过程中，可以扩展市场覆盖面、提供保护、延伸形象或者实现对公司的其他各种作用。具有品牌名的每项产品都必须有明确的定位，以此最大化市场覆盖和最小化重叠，并最优化

---

① 高菲、帅全锋：《论美国报纸转型的"社会资本"策略》，《新闻知识》2015 年第 1 期。

品牌组合。"①《纽约时报》通过不断拓展的子品牌建立持久的受众关系。《纽约时报》的子品牌瞄准某个细分市场，获得品牌认知。子品牌在经营上区别于《纽约时报》的惯常做法，而且《纽约时报》也可以借由子品牌来尝试扩大市场份额。

目前最完善的子品牌是金融资讯服务品牌 Dealbook，是由 Andrew Ross Sorkin 负责运营的。该品牌始于 2001 年，不仅致力于提供华尔街并购交易的电子邮件新闻通讯，还提供各地的金融信息聚合服务。DealBook 现在包括三项服务：DealBook 在线报道、DealBook 电子邮件新闻通讯和每周日刊登于《纽约时报》的 DealBook 专栏。Dealbook 如今是成功的纽约时报商业部分的子品牌。其他子品牌也服务于拥有不同需求的受众群体。例如，2014 年 4 月，《纽约时报》推出了由 David Leonhardt 负责运营的子品牌 The Upshot，它是一个帮助受众以一种更易于接受的方式读懂消息、解释性报道和数据视觉化报道方面的品牌项目，2014 年，在 17 位记者的努力下，The Upshot 为《纽约时报》网站创造了 5% 的流量；Well 是一个 Tara Parker-Pope 负责运营的健康生活类的博客，该子品牌深受受众的喜爱；KJ Dell'Antonia 负责运营的 Motherlode 是关于父母和孩子的品牌博客项目，它有很高的流量，在其官方页面上，是这样介绍该博客的：KJ Dell'Antonia 邀请作者和评论者探讨我们的家庭如何影响我们的生活，以及新闻报道如何影响我们每个家庭，加入我们的博客，和我

---

① ［美］菲利普·科特勒、凯文·莱恩·凯勒：《营销管理》，王永贵等译，中国人民大学出版社 2012 年版，第 287-295 页。

们一起探讨教育、子女抚养、食物、体育、科技、工作和家庭之间的平衡等话题。

二、培养品牌忠诚者

"越来越多的品牌象征化实践表明，给品牌注入一定的属性、意义、联想和关联，能够有效地提升顾客的愉悦感、满意度和忠诚度，是企业获取竞争优势的重要手段。"[①] "研究表明，消费者购买和使用象征性品牌的目的是为了实现自我建构和身份表达，而当个体的象征性需求被满足时，消费者的自我——品牌联结便形成。"[②] 品牌忠诚者意味着，品牌要成为受众的个性化标签。读《纽约时报》，成为受众独一无二的文化符号，让受众在消费该报的信息和服务时建立品牌联结。

"千禧一代"是未来具有强消费能力的潜在受众群体。如何在"千禧一代"中培养品牌忠诚者？根据近期的一篇刊登在《纽约时报》的文章，一些品牌正在采取新的方法来吸引"千禧一代"。品牌需要重新设计吸引"千禧一代"的策略。品牌需要探索如何为消费者的生活创造价值，如果能够做到这一点，消费者会自动找到品牌。许多大品牌精心策划活动以吸引"千禧一代"。这些活动的目的是为消费者创造持久的记忆，而不是仅仅推销产品。注重对"千禧一代"进行移动传播。把你的企业活动和投资活动放在智能手机上，

[①] 朱至文、张黎：《自我建构对消费者品牌延伸评价的影响》，《软科学》2013年第3期。

[②] 张初兵、侯如靖：《自我概念一致性对网商品牌忠诚影响的实证研究——品牌认同及承诺的中介作用》，《软科学》2013年第4期。

向"千禧一代"展示活动的细节，例如，活动时间表、交流和活动的具体位置，周边地区的信息等。创建社交媒体账户，让你的受众参与进来。参与慈善活动，同时强化品牌的慈善举措，会吸引"千禧一代"。大数据帮助企业了解"千禧一代"在做什么，在浏览什么，他们的兴趣在什么地方。"千禧一代"愿意与人情味浓的品牌互动，他们更愿意以娱乐化的心情参与品牌互动。品牌宣传具有幽默感是吸引"千禧一代"的好方法。

第二节　让受众的社会资本增值

"社会资本是指处于社会网络或更广泛的社会结构中的所能调动的、可以带来经济效益的社会资源。狭义的社会资本是指通过个体或组织间形成的社会网络来获取资源并由此获益的能力。这些资源包括：机会、信息、知识、人才、技术、资金、权力等。广义的社会资本除了社会网络之外，还应该包括信任、规范等内容，是通过个体或组织间形成的社会网络、信任与规范来获取资源并由此获益的能力"。[①] 社会学家林南探讨了社会资本的三个范式："社会网络、民间参与和普遍信任，指出社会资本的理论发展应以网络和其嵌入资源为基础，以个人与人际关系的联系这一中观层次为分析取

[①] 王辉、陈通：《产业网络的社会资本激励研究》，《电子科技大学学报（社科版）》2009 年第 1 期。

向。"① 媒体产业的重要功能是建构社会中的关系网，通过赋予受众信息产品、关系产品和服务产品，让受众受益，将受众个体联结在一起。传统媒体的转型升级，关键之处在于重新认识到社会资本在建构与受众关系方面的独特作用。

"目前美国报纸陷入寒冬，从社会资本理论的角度来看，原因是报纸的社会化属性弱化，未跟上社会关系管理发展的步伐。经济收益下滑、受众流失、报业从业者逃离是报业不景气的表象，其根源在于受众从报纸平台上未充分享受建构和管理社会关系的便利，未充分体验到报纸提供自我参与和实现空间的效果，未很好地分享到个人社会关系网络交融于报纸社会关系网络的收益。美国报纸一直在试图走出困境，当前一些见到成效的转型措施在笔者看来，是在体悟到社会关系管理重要性后的表现"。②

《纽约时报》拓展受众的一个重要的出发点就是让受众的社会资本增值，即让受众在消费该报的信息和服务的过程中，获得令自己增值的东西，并且将该报的品牌符号嵌入自己的经济生活、文化生活、社交生活中。受众在使用《纽约时报》的内容和服务时，有消费的动机和动力，愿意为新闻服务付费。

---

① 张文宏：《中国社会网络与社会资本研究 30 年（上）》，《江海学刊》2011 年第 2 期。

② 高菲、帅全锋：《论美国报纸转型的"社会资本"策略》，《新闻知识》2015 年第 1 期。

第三节　联结受众，适应传播范式的转变

《纽约时报》升级改造为数字媒体公司的前提是，需要重新定位自身在社会结构中的地位和功能，适应传播范式的转换。《纽约时报》数字化时代的变革正在重新定义传统媒体在美国社会中的角色定位和权力分配。在传统媒体时代，媒体控制着信息传播的整个流程，媒体垄断传播权力，受众处于从属地位，媒体和受众在信息传播框架中的地位是不平等的，这种不平等会影响到媒体采取何种态度去对待受众和联结受众。在社交媒体以及其他数字化平台上，信息传播由金字塔式结构转化成扁平式结构。在扁平式传播结构中，没有中心点，每一个节点都是中心点，即每一个媒体占据的节点或者受众占据的节点都是中心点，都可以向外发送信息或者据此编织关系网。

《纽约时报》建立受众联结的基础是拥有牢固的受众关系。以受众为中心的信息传播系统并非只是为受众提供产品和服务，还要在构建受众关系方面下功夫。构建受众关系包括获得受众、维系受众和培育受众等。获得受众、维系受众和培育受众的本质是联结受众。联结受众，适应了当今传播范式中从"连接"到"联结"的转变。

"农业手工业时代的商业元素连接方式，是以人为中心但效率低下的信息组织模式。在工业化时代的前期，产品是商业关系网络最重要的核心元素，它将企业和用户连接起来，是价值创造和价值收获的桥梁。而随着大众媒体的发展和广

告业的发展，企业和用户间的连接开始加入广告传播元素。商业关系发生了改变，产品不再是唯一重要的连接要素，品牌的作用开始凸显。信息网络时代，商业关系依然是围绕着'物'来构建的，价值创造与收获路径并未发生根本性变化。后互联网时代，移动互联和社交网络为王，信息的组织主要以'人'的'行为'为核心。企业和用户之间不再是卖与买的简单交易关系，而是价值的共同创造者；企业和产品间也不再是简单的流程化生产，而是可不断打破行业边界的联结体系；产品和用户间也不再是简单的功能满足，而是可通过交互联结创造更多的体验价值"。①

从学理上看，信息传播的联结范式体现为："首先，产用合一，人媒一体。每个人不仅是信息使用者，更是终极联结器，信息生产者（传播者）和使用者合一，人媒融合，生活媒介化和媒介生活化。其次，用户创造价值，价值建构关系。传播内容的核心在于创造价值，所谓价值建构关系，关系形成供需黏性。传统的传播内容重在专业组织为用户（受众）创造价值，而今则更多的是用户创造价值、建构关系网络，即用户与专业生产者通过网络共同创造、增加产品和服务的价值。再次，内容生产众包化，创新无障碍。内容生态空间日趋多维、开放、包容，内容创新无壁垒、无约束和无极限，个体、组织在共享的平台上一同生产内容，线上与线下紧密联动，形成了网络化、社会化生产模式。最后，流通展示平

---

① 廖建文、施德俊：《从"连接"到"联结"：商业关系的重构，竞争优势的重建》，《清华管理评论》2014年第9期。

台化，自演进传播生态系统正在形成"。①

　　在"连接"为特性的传播范式中，媒体是信息传播流程的中心，垄断着信息传播的流程，媒体与受众之间是间接连接和单向连接的，媒体与受众需要中介来建构彼此之间的关系。在"联结"为特性的传播模式中，信息传播的主导权被受众所分享，媒体和受众是平等的联结关系。媒体与受众之间，产品与受众之间拥有交互性强和多种维度的联结。媒体不再是信息传播的垄断者和掌控者，而是与受众合作分享传播权力，受众成为积极主动的信息传播主体。媒体与受众之间的联结摆脱了中介的"二传手"效应，建立了直接联结、交互联结和长期联结。媒介产品也是由媒体和受众共创的，成为了建构彼此关系的载体。

---

　　① 李继东、胡正荣：《从控制到联结：人类传播范式的转变》，http://www.qstheory.cn/freely/2015-04/01/c_1114839269.htm，2015-04-01。

第四章　编辑部转型与受众拓展

世界编辑论坛总裁埃里克·毕尔莱格（Erik Bjerager）认为，"数字技术的不断进步，继续重新定义新闻编辑室，影响我们的组织方式、吸引读者的方式、发现和核实日益多样内容的方式，以及讲述故事的方式。数字优先环境走向已经表明，有许多做法亟待重新考量，许多道德规范需要更新，许多新技能需要引入，以使新闻生产者保持竞争力和价值。要成功，唯一的途径是创造、创新和再造。"①

第一节　编辑部组织结构调整

编辑部在进行组织结构调整时应该注意到，"没有哪种组织模式适用所有的情况，也没有哪种组织模式不受时间限制，永远适合企业发展。组织模式的功能主要体现在协调和激励两个方面：协调是指为创业者和创业单位提供完成指定任务所需要的知识或资本等资源；而激励是为了确保代理者不仅

---

① 张宸编译：《报业正进入一种新的良性循环——第66届世界报业大会预言报业发展趋势》，《中国报业》2014年第13期。

能够而且愿意去完成被指派的任务"。[①] 因此，编辑部组织结构调整既要有利于提高内容生产工作的效率，又要体现数字优先和移动优先的报业转型趋势。

在美国，新型的新闻编辑部大都具有以下几个特点："（1）方便'即时报道'或者'快速行动'——以数字平台（网站、移动终端和社交网站）为首要报道方式，有意识地将文字记者/编辑、摄影/视频和图表/设计人员安排在一起；（2）有利于各部门之间的交流和合作，从文化上统一各部门的理念；（3）从新闻的组织的角度，而不是从部门的组织角度，来设计新闻编辑部的实体"。[②]

组织结构的调整与业务流程的再造有着十分密切的关系。"流程是系列的特定工作，有一个起点，一个终点，有明确的输入资源与输出成果。而流程再造意指：彻底分析流程，并予以重新设计，以在各项指标上有突破的进展。传统的组织形态着重垂直分工，各部门向其直属上级反映意见，彼此间缺乏协调。新的组织形态着重横向整合，这种横向整合基于管理组织内部各种作业流程"。[③]

流程再造的本质是提高效率，改革内容生产环节，将内容生产向受众开放。首先，重新定义和分配编辑部各部门的职责和权限，注意加强部门之间的畅通联系，不人为设置障

---

① 朱松林：《分化与整合：传统媒体数字化转型中的创业组织模式》，《国际新闻界》2014 年第 1 期。

② 文敏：《盘点美国媒体新的挣钱模式》，http：//www.jizhezhan.net/sharedetail.php? id = 744，2014 – 02 – 16。

③ 梅绍祖、［美］James T. C. Teng：《流程再造：理论，方法和技术》，清华大学出版社 2004 年版，第 1 – 3 页。

碍。其次，设置专门的受众拓展部门，加强该部门对其他部门的辐射作用，将该部门作为该报与受众联结的纽带。第三，生产流程的设置的核心是数字优先，因此各部门资源使用和生产环节设置的优先权是数字平台。注重利用数字技术盘活原有的内容资源，进行再利用和再生产。通过数字技术，帮助部门间消除沟通中的问题，在无形之中把各部门业务整合起来。

在报纸编辑部组织结构调整和业务流程再造过程中，西方报纸编辑部在重构或者革新的路径选择上大致相同："第一，办公室及办公资源的整合。大部分编辑部将原有框架式的办公室结构打破，设计成开放式的空间结构。第二，业务流程的整合。编辑部打破过去金字塔式的发稿程序，扩大记者、编辑的发稿权力，节约时间提高效率。第三，新闻产品的整合。第四，人力资源的整合"。[1]

关于媒体融合，有学者提出了"融合序列模型"，把融合分成"互相推荐"、"克隆"、"竞合"、"内容分享"、"全面融合"五个阶段。媒体融合，最高阶段的融合是形成内容与技术无缝对接、各个部门既各司其职又紧密合作的媒体有机体。在这一阶段，媒体完全从传统理念和组织架构的桎梏中解放出来，在融合发展的理念下进行新闻产品的生产、传播，根据受众需求配置各种资源。目前全球范围内还没有能称得上真正达到最高融合阶段的媒体，《纽约时报》是纸媒数字化转型的领头羊，在网站内容付费、多媒体报道等诸多

---

① 田园子：《媒介融合对报纸编辑部组织结构的影响》，《新闻前哨》2015年第3期。

领域，都取得了突破性进展。2014 年，为满足传统媒体与新媒体融合发展的迫切需求，在媒体集团内部深化转型，该报提出努力强化新闻采编部职能，从组织结构上进行变革和重构。①

首先，把战略规划和数据分析提高到前所未有的高度。其次，把扩大读者数量作为采编部的重要工作之一。《纽约时报》提出在新闻采编部设立一个读者拓展小组，负责制定新闻采编部在社交媒体、搜索引擎和电子邮件等新媒体渠道直接推广新闻报道，同时兼顾传统报纸的读者拓展。最后，以采编部为核心，辐射集团内部其他部门，促进紧密合作。数字化转型需要集团内部各部门的通力合作，然而由于业务重点不同，利益存在分歧，合作往往存在阻碍。《纽约时报》计划在这方面进行大幅度改革，特别提出新闻采编部与读者服务部门紧密合作，打破过去内容生产部门、业务部门和营销部门在运作过程中自说自话、互不干涉内政的传统做法；建立一个清晰的负责读者体验的部门的组织图，包括各部门的联系人以及相应的新闻编辑部联系人，确保新闻采编部与负责读者体验部门的紧密合作等。②

目前，美国报纸行业为了降低成本、压缩预算，采取了各种各样的方法。报纸编辑部采用了多元化的精简人员的措施。"首先是放弃增加新的采编人员、留有空缺位置而不增加人员；其次是出台提前退休政策、减少工资较高职员的人数；

① 刘滢：《配合、竞合与融合——国外媒体融合的探索和尝试》，《对外传播》2014 年第 12 期。

② 刘滢：《配合、竞合与融合——国外媒体融合的探索和尝试》，《对外传播》2014 年第 12 期。

最后是买断（buyout，即出价买断一些还没有到达退休年龄的职工工龄）和直接解雇（layout）的方式裁减编辑记者。就报业裁员而言，美国报业协会一项调查显示，频繁裁员使报纸从业者失去安全感、削弱其服务精神，进而损害报业核心产品的竞争力"。报纸普遍采用"买断"方式裁员，这种方式等于用便宜的新手代替有经验的高薪员工，累积性的经验和知识成为裁员的牺牲品。除了更少的人干更多的活，不断裁员还使留下来的员工缺乏安全感，失去创新动力，危及报纸核心产品"。①

　　《纽约时报》一方面积极对编辑部结构进行调整，另一方面，采取成本控制策略，对编辑部各项预算进行压缩。2014 年 10 月 1 日，"《纽约时报》公司宣布将裁减编辑部 100 个职位，占总人数的 7.5%。《纽约时报》执行总编 Baquet 在裁员后致员工的一封信中写到，然而这并不意味着我们的编辑室要做出直接裁剪 100 个岗位的决定。我们希望缩减开支的目标能通过自愿买断（公司补偿，员工自愿辞职）完成。但如果没有达到目标，我们就要被迫裁员了。买断计划，尤其对于工作了几十年的老员工而言，还是比较慷慨的。如果你们是同业工会的一分子，那么你们的买断协议会依据我们和工会共同决议的条件保持一致。总的来说，离职时我们会根据你们的工龄来计算费用，每工作一年你会拿到等同你三周的薪水，总计最高能拿相当于两年的薪水。在公司工作了20 年及以上的老员工，还可额外拿到离职金的 35%。如果你对自愿买断（主动离职）感兴趣，请直接联系工会，或者通

---

① 赵勋：《预算紧缩下的美国报纸编辑部》，《中国记者》2008 年第 2 期。

过新闻行政部门的 Erika Sommer 来了解更多详情。10 月 17 日下午 5 点以前，有意向者请务必上交申请。如果你不是工会员工（编制外），同样根据工龄计算。每工作一年你将拿到等同你两周的薪水，总计最高能拿相当于一年的薪水。工作 20 年及以上的，也将拿到价值为你们离职金 35% 的额外的一笔钱。接下来几天，我们将向每一位在纽约时报工作五年及以上的非工会员工发放自愿买断细则。我将保留对一些员工自愿买断申请说不的权利。因为他们的工作及才干是我们非常需要的。很显然，如果我们不得不裁员，那些我们需要但又提出离职申请的员工将不会得到同等的优惠买断待遇。"①

第二节 编辑部工作理念的转变

编辑部工作理念，直接决定了《纽约时报》如何生产高质量内容，如何设计经营模式，如何有效地联结受众。编辑部的工作理念渗透在生产流程和运营模式的每一个细节中，折射出编辑部工作人员的工作风格和工作效率的特点。2014年，"《纽约时报》创建了一个新的新闻编辑部领导层，其内部核心由 4 个执行副总编辑、一个创意总监与一个创新和策略主编构成。创新和策略主编由美国国家公共广播电台（NPR）前首席内容官金赛·威尔逊担任，任期从 2015 年 2

---

① 《纽约时报裁员 7.5% 总编辑称新产品未达商业预期》，http：//news. xinhuanet. com /zgjx/2014 –10/11/c_ 133707841. htm, 2014 –10 –11。

月开始，他将领导《纽约时报》新闻编辑部的数字转型。巴奎特在致员工的备忘录中宣布这一任命，并称：他将帮助绘制使我们成为一个真正数字新闻机构的路线图。他将确保我们记者拥有他们讲述伟大故事所需工具，并确保我们能吸引和服务于我们的读者，无论他们何地何时访问我们"。①

一、数字优先

美国皮尤（PEW）研究中心 Lee Ranie 发布的《2015 美国新媒体研究报告》中提出，"2015 年，在美国前 50 大新闻网站中，有 39 家的移动访问量超过了 PC 访问量，并且这一趋势还在不停增长。虽然不能忽略在这 50 家媒体中只有 10 家的移动访客停留时间超过了 PC 访客，但市场的变化是客观的，随着移动广告支出呈现了强劲的增长，美国人有信心相信移动已成为主流"。② 为了满足受众对于个性化和移动化信息的需求，移动传播已经成为传统媒体转型方向的首选。传统媒体的所有工作流程，尤其是编辑部的工作理念和工作流程必须涵盖移动传播、数字优先、受众参与等关键词，因此必须用数字优先的理念改造编辑流程、编辑部实体空间和内容管理系统。

（一）重视编辑流程的数字化改造

《纽约时报》为了发展"数字优先"战略，大刀阔斧地

---

① 张宸：《动荡与变革——2014〈纽约时报〉转型之年》，http：//www.cssn. cn /xwcbx/xwcbx_ bkcb/201506/t20150609_ 2027947_ 2. shtml，2015 – 06 – 09。

② 赵子忠、布赫：《2015 新媒体发展趋势比较分析》，《中国传媒科技》2015 年第 10 期。

对编辑流程进行了改革。在编辑部数字化转型前，每天报社要召开两次编前会，讨论决定第二天报纸头版以及各板块头版的内容设置。现在编辑部把数字化内容作为生产的重点，不再强调纸质版的"截稿时间"，而是把数字内容产品作为重点，在每天上午九点半和下午四点半开两次编辑部会议，讨论所有数字产品生产的重要问题。至于纸质版的内容，改在每天下午三点半的会议上，讨论第二天头版的内容设置。从这些变化可以看出，在编前会上，《纽约时报》纸质版的内容设置的优先权已经让位于数字平台的内容分发，编辑部非常注重采集本报纸和竞争对手报纸的移动媒体平台和社交媒体平台中受众的各种数据。

《纽约时报》不仅改革了编辑流程，而且在区别对待印刷产品和数字产品的态度上也更加鲜明了。2015 年 10 月 7 日，《纽约时报》在发布的《我们的前进道路》的简报中提到，"我们在新闻编辑室里放了一张专门处理印刷版报纸的办公桌，在每天工作结束时将报纸集合起来。在以前，只有极少数的'网络人'负责管理网站，大部分人完全投身于报纸的印刷版。这句话的潜在意思是说，不管我们是否喜欢这个称呼，我们现在都是数字记者。报纸的印刷版这种传统产品将继续作为老一辈人获取新闻的首选，也是部分广告商接触读者的首选方式。但是，毫无争议地是，网络，或者更具体地说，手机是新闻业的未来"。①

----

① 克里斯·西里撒：《揭示传统媒体的未来走向？8 句话读懂〈纽约时报〉新宗旨》，http://www.360doc.com/content/15/1111/20/10309_512421287.shtml，2015-11-11。

（二）注重重塑编辑部实体空间

编辑部重塑实体空间，对于构建数字化工作流程具有重要意义。在这方面，美国其他报纸编辑部重塑实体空间的先例给了《纽约时报》不少启示。有些美国报纸编辑部采用的是面对面式的、全开放的圆环模式。例如，"《西雅图时报》的新闻中枢由两排同心半圆（或称辐射圈）座位构成，小隔间沿新闻中枢两侧排列，中间有宽敞过道。正对编辑部的是一大幅媒体墙，播放竞争媒体的报道"。① 这样的编辑部物理空间的设置，显示出编辑部转型的思路是，将与数字内容生产有关的环节放在核心的位置，并且打造开放的内容生产和营销模式。《纽约时报》的编辑部内部空间设置也吸取了这样的经验。当你走入《纽约时报》一层大楼大厅时，你会发现有两面墙设置为液晶屏幕墙，在液晶显示屏上，会实时更新此时此刻的该报最重要的新闻报道，尤其突出显示关于《纽约时报》数字化改革的信息。而且，该报液晶屏幕墙的设置，营造了极具美感的数字化世界的效果，让受众感受到科技融入信息传播的美感和威力。当你进入该报内部的编辑部办公区域时，开放的、环绕式的物理空间结构，彰显着该报数字化改革的理念和生产精品内容的精神追求。

（三）升级改造内容管理系统

《纽约时报》开发了自己的内容管理系统 Scoop。这个系统重点解决的也是数字出版和纸媒出版的兼容问题。为适应融媒体时代的要求，它能实现多个记者同时为一篇深度报道

---

① 陶文静编译：《搬迁：后工业时代新闻生产的空间与地点》，《新闻记者》2014 年第 8 期。

需找选题和素材，也能集成多篇报道中蕴含的、关于某一种类型报道的模板。目前，《纽约时报》最关注的还是在这个系统内如何集成附加工作量最小化、功能更强大的移动发布功能。① 在内容管理方面，除了内容管理系统 Scoop 之外，《纽约时报》还于 2014 年 9 月推出了内容聚合产品 Watching，它是《纽约时报》网页上的新功能，聚合所有《纽约时报》和网络 24 小时内发生的突发新闻的最新进展信息。对于广大的《纽约时报》受众而言，Watching 提供了一个按照《纽约时报》的标准精心筛选信息的窗口。通过升级改造内容管理系统和推出新的内容聚合产品，《纽约时报》实现了随时随地与受众进行联结的目标，这为与受众建构更深入的关系打下了坚实的基础。

（四）重视发展网站和媒体博客

"数字优先"的发展策略下，受众虽然从移动传播的渠道获取了大量的信息，但是如前文所述，在目前的调查结果中，移动终端的受众在媒体中停留的时间不长，大多数移动终端受众花费的浏览时间短于桌面电脑受众。另外，受众对于从传统媒体获取的信息的信任度要远远大于从数字媒体和社交媒体获取的信息。因此，美国传统媒体依然注重对自身的官方网站的建设，注重为受众提供及时、准确、互动性强的网站信息产品。美国报界不乏注重网站建设的例子。2015年 4 月 21 日，《华尔街日报》将展现七年来的首次网页新设计，目的是为了减少"文字的感觉"，增加响应式设计的元

---

① 任琦：《数字化转型中的美国新闻编辑部》，http：//www.jzwcom.com/jzw/bb/12124.html，2015 - 12 - 04。

素和更加符合移动化、个性化、参与性强等信息传播发展的趋势。

《纽约时报》的数字战略导致网站从 2011 年以来流量就不断降低，到 2013 年的时候，只有不到八千万的访问量。内部评论文章也显示，目前《纽约时报》APP 要比网站表现得好，大部分的读者都是通过社交媒体然后点击链接进行新闻阅读。所以，在这样的环境下，《纽约时报》该如何发展它的网站呢？《纽约时报》头版助理编辑 Clifford Levy 说："我们始终认为网站对于《纽约时报》来说依然意义重大。它是我们报纸在数字新闻生态系统中的标志。如今网站的内容由指定的编辑 24 小时轮班完成。这些编辑与负责报纸数字传播的编辑联系十分紧密，他们有权决定哪些新闻将会出现在首页，也有权决定这些新闻应该以何种方式出现在主页上"。①

网站是《纽约时报》呈现给世界的一个窗口，因此该报势必大力建设它。重新将重点放到网站建设上，并不是一种停滞不前的表现。编辑依然会根据读者的反馈呈现出他们更加感兴趣的内容，并且将纸质版上的新闻内容换一种更适合网站阅读的方式进行呈现。《纽约时报》采用的是 Chartbeat 头条显示方式，这是一种分析平台，可以根据网站的流量以及每条新闻的点击量来确定其排列顺序。《纽约时报》的官网十分注重读者阅读兴趣，并且会对不同地区的观众进行分析，了解在一天之中的什么时间发布新闻会获得更多阅读量。通过收集网页上的新闻形成不同的集中简报，包括早上六点

---

① 岩松白说：《〈纽约时报〉回归网站主页：竞争突围的独门妙招》，http://toutiao.com/i6244219186491425282/，2016 - 01 - 25。

到中午这段时间的早报，以及下午六点到凌晨三点之间的晚报。《纽约时报》的目标就在于培养人们阅读网页的习惯。这样的简报模式最开始是在 NYT NOW 客户端上面进行的，如今已在《纽约时报》旗下所有数字媒体上广泛运用。[①] 此外，《纽约时报》网站首页上的内容设置也是网站发展策略中的重点。在 2010 年，《纽约时报》网站的首页制作人米克·萨斯曼（Mick Sussman）每天工作的首要任务之一是每隔 10 分钟更新网站首页上的内容，除此之外，他还负责网站上媒体博客文章的选用、撰写标题和新闻摘要以及突发性新闻的报道。[②]

媒体博客不仅能够帮助公众解读新闻和新闻背后所具有的含义，而且可以让新闻从业人员与公众进行形式多样的互动、了解公众的关注、反馈对媒体的报道。开设和管理媒体博客过程中积累起来的经验、认识和知识还将有助于媒体继续在数字媒体转型的道路上探索。在 2010 年 8 月至 2013 年 6 月期间，《纽约时报》收购并拥有内特·西尔佛（Nate Silver）的博客网站 538 FiveThirtyEight. com（根据美国总统大选中一共有 538 个选举人团而命名）。西尔佛擅长使用统计模型预测政治选举和体育比赛等结果。据统计，西尔佛的博客网站在 2012 年所产生的网络流量占到了《纽约时报》全年总

---

① 岩松白说：《〈纽约时报〉回归网站主页：竞争突围的独门妙招》，http：//toutiao. com/i6244219186491425282/，2016 – 01 – 25。

② 孙志刚：《报媒转型：首先需要改变理念》，http：//www. mediacircle. cn/？p = 12983，2014 – 10 – 10。

流量里的 1/5。①

二、用户思维

用户思维，即以用户为中心，让用户参与到内容生产和运营的每一个环节。从收集需求、内容产品素材采集、生产、营销和服务等环节，汇集用户的智慧。用户思维是一个复杂的系统，包括要对用户需求进行分析，要对用户如何使用内容产品进行分析，要对用户使用内容产品的行为进行分析。简单地说，就是编辑部在进行内容生产的时候要把用户放在首要地位。例如，使用《纽约时报》的用户都是哪些人？他们具有什么样的特征？他们是在什么样的情境中使用内容产品的？在使用内容产品时是否会遇到困难？他们对内容产品的满意度怎么样？他们是怎样使用《纽约时报》的内容产品的？他们最常使用内容产品的哪些功能？用户思维，还表现在要为用户创造价值，要让其觉得使用《纽约时报》的产品具有增值感，并且超出其使用同类产品的预期。这主要是因为，在信息传播的后 2.0 时代，信息不对称的现象越来越少，用户的话语权在不断扩大，某种程度上决定着媒介产品的命运。因此，编辑部的每个记者和编辑乃至其他工作人员，应该具备强烈的用户思维，在改善用户体验方面多下功夫。

用户理念指的是，在新媒体时代，用户主动地、自由地、积极地使用专业新闻传播者生产的内容产品、关系产品和服务产品，用户和专业新闻传播者之间是平等的关系，是创造

---

① 孙志刚：《媒体博客在未来新闻编辑部的作用》，《新闻与写作》2014 年第 9 期。

价值的同盟军。从编辑部转型的角度看，编辑流程的改造和运作机制的调整要从满足和提升用户体验出发，并且向用户开放生产过程，汇集用户的智慧、经验、时间、精力，在用户之间建立一个信息、资源、关系的宝库。总之，用户理念去除了传统信息环境中编辑部居于唯一中心地位的背景。用户和编辑部共享和共治信息传播的过程，并将关系资源嵌入彼此的关系网中，达到双方各种利益上的增长。值得注意的是，本书并不主张让"用户"一词完全代替"受众"，只是倡导编辑部转型中要借鉴用户理念，倡导使用"用户型受众"一词，因为《纽约时报》作为社会主流价值观的引领者，它的生产和经营除了有经济利益外，还要承担文化传播和舆论引导等社会责任，它的任何活动都不能只从唯一的经济角度出发。

那么如何提升用户体验？美国知名的信息架构专家彼得·莫维里（Peter Morville）的"用户体验蜂巢模型图"提出了用户体验的八大核心特质，分别是：适用的、合意的、易访的、可靠的、易查找、可用的和有价值的。[①] 传统媒体提升用户体验，也基本上是在"适用的、合意的、易访的、可靠的、易查找、可用的和有价值的"这几个关键词上下功夫。"用户原创内容"是媒体与受众共创价值、改善信息传播效果的一种重要策略，有很多传统媒体深谙此道。例如，很多传统媒体都开辟受众自制内容的窗口，这个窗口或者是设置在传统媒体的官方网站上，或者是设置在传统媒体的社

---

① 温世君：《拥抱"互联网+"的基础是用户思维——受众角色的重构与媒体转型》，《电视技术》2015年第16期。

交媒体账号上。受众通过这些窗口，提交自己创作的内容产品。传统媒体会根据自身的专业理念对这些自制内容进行把关和审核。受众在自身创作内容的过程中，享受到了信息制作和传播的乐趣，同时也对媒体传播的素材进行了补充，受众自制内容的风格也与媒体生产内容的风格形成了互补。美国受众非常喜爱填字游戏，《纽约时报》的纵横字谜是该报的经典栏目。这个栏目字谜的设置，部分来自专业设计者，部分来自喜爱游戏制作和分享的受众。这个栏目不断推陈出新，就是建立在充分使用受众资源上。因此，满足和提升用户体验，最直接的要求就是让受众动起来，让受众享有制作内容产品的主动权。

2015 年 10 月 7 日，《纽约时报》在发布的《我们的前进道路》的简报中提到，该报还必须在这个被信息和选择淹没的世界里帮助引导读者，使他们能更轻松地做出决定，确保他们的生活积极向上。"在阅读《纽约时报》新闻时，用户既可以通过电子邮件、Facebook、Twitter、Google + 和其他社交网站分享和转发喜爱的新闻内容，也可以使用存档、打印文章、拷贝链接和中英文阅读等功能"。① 《纽约时报》的工作理念和实践说明，提升用户体验就是为用户创造价值，与用户建立持久和深入的关系。

除了自身谋划提升用户体验的发展策略，还可以进行跨媒体合作，增加受众福利。2015 年 10 月，一项由《华盛顿邮报》、《纽约时报》、奈特基金会和 Mozilla 基金会合作启动

---

① 孙志刚：《报媒转型：首先需要改变理念》，http：//www.mediacircle.cn/？p =12983，2014 – 10 – 10。

的一个用户参与平台项目——"珊瑚计划"目前已经初见眉目，这一开源软件能够让新闻机构了解到自己的受众社群，同时从评论中发现能够生产内容的用户，并找出可信度最高的那些用户，即与网站中新闻部分下面进行评论的用户建立深度联结。目前，该计划已经与来自 25 个不同国家的超过125 个机构的代表进行了对话。①

不仅《纽约时报》通过跨媒体合作拓展受众，建立联结，美国其他报纸也在使用类似策略来吸引受众，譬如《华盛顿邮报》的"数字合作计划"。2014 年 3 月 18 日，《华盛顿邮报》对外宣布该报将为六家美国地方报纸的纸质版订户免费提供《华盛顿邮报》数字版阅读权限，该项目将于 2014年 5 月正式启动，试运营 1 年。本次与《华盛顿邮报》合作的六家地方报纸也已经确定，分别是《达拉斯晨报》、《檀香山星报》、《特来多刀锋报》、《明尼阿波利斯明星论坛报》、《匹兹堡邮报》和《密尔沃基哨兵日报》。《华盛顿邮报》的这一合作项目启动后，这六家地方纸媒的订阅用户，便可以享受一年的《华盛顿邮报》在电脑客户端、手机移动端和平板电脑三个平台的电子版免费阅读。而根据目前《华盛顿邮报》官方网站显示的订阅套餐，同等服务的价格为一年 149美元。这意味着，这六家地方报纸的纸质版订户将免费获得为期一年、价值 900 多元人民币的《邮报》数字版"赠

---

① 《〈华盛顿邮报〉〈纽约时报〉要合搞一个倾听工具》，http：//www.fuliba. com/11752. html，2015 - 10 - 04。

送"。① 迄今为止，全球已有 250 多家报纸和《华盛顿邮报》签署合作项目。该"数字合作计划"项目，在《华盛顿邮报》拓展跨区域和全球受众中起到了重要作用。

第三节　新闻编辑部运作机制的转型

"信息的充分流动，将充分优化人、钱、物的安排，资源得到最优配置，任何要素都将被配置到生产率最高的地方，无谓的、不合理的人流、资金流和物流，都将不复存在。"②同理，内容生产要素也要被配置到生产率最高的地方，那么编辑部、渠道、平台、互动方式都要进行变革。

一、编辑部建立受众拓展团队

2014 年 5 月 14 日，在网络上泄露出去的《纽约时报创新报告》中指出，对于《纽约时报》来说，搜索、推广和互动已经被边缘化，仅仅由业务部的同事或者新闻采编部中的一小组人来负责。业务部确实应在这些工作中发挥重大的作用，但是新闻采编部也需要在这些领域占有一席之地，因为包装、推广以及杂志分销需要编辑的监督。该报建议在新闻采编部增设一个负责受众拓展的高级管理职位，他还需要负

① 陈斌：《〈华盛顿邮报〉数字化转型新动作：将为地方报纸订户免费开放数字版阅读权限》，http://news.nandu.com/html/201404/24/989683.html，2014 - 04 - 24。

② 刘培林：《A2A：人类信息互联互通的彼岸》，http://www.weibo.com/p/1001603829115357642418，2015 - 04 - 07。

责与业务部进行联络沟通。

《纽约时报》的设计部主任费德尔曼则介绍说，"现在每天早上的例行编前会上，最大的变化是，受众拓展部负责人的发言分量变得很重。他的发言在很大程度上可以决定一篇稿件在网站上，甚至报纸上的位置，并从受众的角度对编辑部门的稿件构成一定的导向作用。而一年前，这个职位还仅仅存在于时报内部《创新报告》的设想里。如今，这个受众拓展经理已经在新闻编辑部里处于举足轻重的地位。受众拓展团队也变得非常强大，他们既负有走出去和受众接触的任务，又专门研究诸如哪些是最热门的新闻、流量来自哪里、什么时候是最佳的推送时机、如何措辞等问题"。①

阿历克斯·麦柯伦是受众拓展部门执行总编，是解决《纽约时报》受众拓展难题部门的负责人。麦柯伦和她的团队把拓展受众的工作聚焦于三件事：找出受众在哪里并获得新闻、让数据影响决策、考虑受众行为。为此，受众拓展工作从以下几个方面着手进行。第一，《纽约时报》通过测试它的搜索功能、社交实践、新闻和 app 推送，努力满足读者需求。无论读者在哪里获取新闻，《纽约时报》都全力跟进。第二，麦柯伦和她的团队在媒体内容策略上实行"精准推送"的策略。例如，他们会在社交媒体 Pinterest 上讨论旅行和美食，而不是 Twitter，因为他们对此有过精确的大数据筛选和比较。第三，从开发目标读者出发重新招聘并定位员工，以及加强内部的团队合作，这是创新报告的另一项任务，鼓

---

① 任琦：《数字化转型中的美国新闻编辑部》，http://www.jzwcom.com/jzw/bb/12124.html，2015－12－04。

励媒体获得应得的地位,因为包装、推广和分享新闻需要具有新闻远见。现在,《纽约时报》编辑部内有许多不同的小组分别在关注搜索策略、社交账户和策略、新闻媒体分析和社区。

《纽约时报》执行主编 Dean Baquet 在 2015 年初给编辑部的员工写了一封信,信里详细阐述了他对这一年《纽约时报》发展计划的看法。其中提到,受众拓展部门的目标是:不要追逐点击量,但是要把我们最好的作品发布给更多的人,要不断创新联系受众的方法。

受众拓展的先决条件,是知晓受众的信息消费习惯,这与数据分析工作密不可分。2015 年 6 月 2 日,在华盛顿举行的世界新闻媒体大会期间,"世界编辑论坛(22nd World Editors Forum)发布了《新闻编辑部趋势 2015》报告,报告指出,数据分析在新闻编辑部所扮演的角色日益重要。数据就是灯:到底是火把还是灯塔,取决于数据的准确性和深度,以及我们读取和解释数据的能力。今天,记者以及生产内容的任何人,如果拒绝使用实时数据分析评估,那么他或她与读者的互动程度就像那些不开灯呆在黑屋子里的人一样。"①这段话颇为形象地说明了数据分析对新闻编辑部的重要性。

《纽约时报》发现,为了吸引更多受众,应该知道受众如何利用该报搜索信息、阅读信息、分享信息、做出反馈的。"《纽约时报》和《华盛顿邮报》决定与记者和编辑们分享网

---

① 张宸编译:《全球新闻编辑部的九大趋势——世界编辑论坛发布〈新闻编辑部趋势 2015〉报告》,http://media. people. com. cn/n/2015/0917/c399110 - 27599589. html, 2015 - 09 - 17。

络流量等其他通过网络分析法获得的即时数据，让记者和编辑了解受众对他们的劳动成果的阅读量、所花时间、评论、分享和转发数量等。这种做法有助于记者和编辑进一步联结受众，通过社交平台和移动终端了解受众的兴趣和挖掘新的内容。"① 在信息传播的前 2.0 时代，报业的内容生产者很少有主动联结受众的行为，因为内容生产者与受众处于不平等的地位，受众依赖于专业内容生产者生产的内容产品，受众的参与性和主动性也没有开发出来。内容生产者只要生产出产品，就会拥有相应的受众群体。在信息传播的后 2.0 时代，报业的内容生产是由专业内容生产者和受众共同完成的，信息传播过程中受众的参与性和主动性极大地释放了出来。离开了受众资源，信息传播的链条是不完整的。所以，内容生产者必须以开放的心态去联结受众，充分利用受众资源库中带来的消息资源、关系资源和社会资源等，将内容生产中的每个环节当作联结受众的契机，并尽一切可能巩固核心受众群体，扩大潜在受众群体。

如前文所述，从信息传播的前 2.0 时代发展到信息传播的后 2.0 时代，编辑部的内容生产者在与受众的地位分配上发生了重要的变化，内容生产者由高高在上的、垄断信息生产流程的角色转变成了与受众平等分享内容制作权力的角色。角色转化之外，很多附带的环节就会发生变化。因此，支撑传统媒体原有的职业理念、职业行为、职业心态必须要顺应现阶段的信息传播生态，旧的思维和做法被打破，新的思维

----

① 《密苏里孙志刚新浪微博》，http://www.weibo.com/u/1929234823，2015 – 06 – 08。

和做法要建立。当然,顺应的过程也是一个新旧观念冲突、矛盾丛生的状态,在新旧交替的过程中,是否或者如何将受众拓展体现在观念和行为中,会一直充满争论的声音。

二、采编与经营适度合一

美国报业在数字化时代之前的传统是,采编与经营完全分离。张健在《编营分离制度为何可能被逐利的美国新闻业主接受———一种新制度经济学的解释》一文中对美国新闻业为何选择采编与经营完全分离的做法进行了深入的解读,一方面,"'对宪法第一修正案的信仰',促使编营分离制度成为新闻业主的行为偏好;另一方面,编营分离制度暗合媒介经营规律,满足了新闻业主的商业利益诉求"。①

当今的"去中心化、去中介化"的数字化传播时代,采编和经营完全分离的做法已经不再适应传统媒体转型的发展趋势了。采编与经营适度合一,即在内容生产中要考虑到分发渠道和推广营销的因素,在经营时要围绕受众需求,发现内容生产的不完善之处并加以改进。采编与经营适度合一,实现这个目标是需要有很多支撑条件的。挖掘受众信息接受习惯和心理的数字技术,支撑着在内容生产过程中兼顾内容推广的任务;受众信息消费倾向于个性化的发展趋势,促使经营部门在推销内容产品和服务产品时要把市场反馈信息及时传达给内容生产部门。

从采编与经营完全分离到采编与经营适度合一,需要跨

---

① 张健:《编营分离制度为何可能被逐利的美国新闻业主接受———一种新制度经济学的解释》,《国际新闻界》2010 年第 1 期。

越观念的门槛和实践的门槛。"几十年来，我们都在谈论新闻编辑部门和所谓的经营部门之间隔着一堵墙。这样做的目的可以理解，甚至值得称道。广告商不应当影响我们如何报道他们。但是，新闻编辑部门和经营部门的距离使双方互不了解。新闻编辑部门人员从未真正了解我们如何赚钱，而且坦率地说，他们并不真的关心。然后，经营部门也不真正了解新闻编辑部门。过去，由于我们在读者和广告商间占主导地位，这种状况似乎并不要紧。今天，这却变得很重要。我们需要知道账单是如何支付的，更尖锐地说，新闻报道是如何赚钱的"。[①]

《纽约时报》在数字化道路的改革过程中，注重让营销思维融入内容生产的过程中。例如，《纽约时报》邀请广告主参加决定第二天报纸头版的编前会，愿意让广告主与编辑部进行密切接触，广告主欣然同意了此项提议。此外，编辑部愿意向公众开放编前会，这会增进公众对编前会的了解，让其理解新闻生产的过程。这种做法在其他传统新闻媒体中并不常见。《华尔街日报》没有向广告商开放编前会，只是偶尔向学生群体和来访的记者开放编前会。《华盛顿邮报》向编辑部访客开放编前会，对广告客户开放的情况非常少见。《纽约每日新闻》不向任何外来者开放编前会。

内容生产的发展趋势是：采编与经营一体化融合在内容生产的进程中。《纽约时报》的创新报告中，也指出了该报编辑部发展的趋势是，鼓励新闻编辑部加强与其他经营、技

---

① 张宸编译：《抛弃什么，保留什么，获取什么——华盛顿邮报执行主编马丁·巴龙关于纸媒转型的思路》，《新闻与写作》2015 年第 7 期。

术部门的合作。第一，与业务部门合作，聚焦读者体验。业务部门指的是：设计部、技术部、用户研究组、研发部和产品部。第二，创建新闻采编部战略团队。今天的采编部负责：报纸、网络业务、移动产品、新闻简报、新闻通知、社交媒体账号、国际版、视频内容以及一系列相对独立的新产品。该报建议在新闻采编部创建一个长期战略团队，在发展战略方面向高层提出更多建议。团队可以让采编部负责人时刻了解竞争对手所采取的战略，进而改变技术，转变读者行为。第三，确定战略规划，打造数字优先机构。编辑们精心筹划着自己部门的工作，却很少花时间考虑社交媒体平台战略。在招聘和晋升过程中，传统报道技能依然是考核重点。在向数字化转型的过程中，150多年来建立起来的习惯和传统业已成为强有力的保守力量。该报开始质疑这种以印刷版为中心的传统，综合分析进行数字转型的需要，思考新闻采编部的未来。

从采编与运营一体化的思路出发，互动新闻技术部代表了"采编与经营适度合一"这个发展潮流。在新闻编辑部的运作机制中，强化互动性的色彩，有助于《纽约时报》生产出对于受众有价值的内容，有助于该报更有效地与受众建立深度的联结。"《纽约时报》不仅设有技术部，负责将新闻内容实现数字化，延伸到平板电脑和智能手机上，并且还专门设立了以'互动新闻技术部'（Interactive NewsTechnologies Department）为核心的自主研发团队。在《纽约时报》网站中，专门设有一个名为'Special Issues'的开拓性板块，作为该部门研发媒介融合新技术的演练场。"①

"互动新闻是信息使用者可以参与采集、传递以及呈现的新闻，是在多媒体、WEB2.0等新技术条件下，新闻工作者与信息使用者建立的一种新的对话关系。互动新闻重新定义了'新闻'、'受众'的概念，重新确立了'新闻的价值'。互动新闻对于传统新闻最为拓展的地方，是让读者以一种有效的方式加入到新闻的讲述当中，帮助读者在一个有趣的信息环境中更好地理解一个复杂的概念或者事件。互动只是一种工具，它存在的最大意义是被使用。互动新闻实际上是新闻采集过程的前台化，记者在搜集新闻线索、报道呈现新闻事件时都有读者加入、参与的机会。我们在大选之夜的选情地图专题中，就是先联合图形制作部门和数据工程师制作出信息系统。数据工程师将数据导入系统中，并负责更新；然后图形编辑寻找一个合适的方式呈现系统，找到图形与信息的对应关系"。②

互动新闻技术部还采取发送电子邮件的方式，满足受众的阅读兴趣，激发其进一步使用《纽约时报》信息和服务的动机和行为。在美国社会，日常生活中，电子邮件是受众接受正式信息、尤其是重要信息的首选渠道，受众使用电子邮件的频率高。受众在选择付费阅读《纽约时报》网络版和智能手机版时，会留下自己的电子邮件地址。《纽约时报》也

---

① 刘笑盈：《"融媒时代"国际新闻的新特征》，http：//by. cuc. edu. cn/xsgd/3996. html，2015 - 11 - 10。

② 马忠君：《走进纽约时报互动新闻报道部》，http：//paper. people. com. cn/xwzx/html/2011 - 11/01/content_ 997288. htm？ div = - 1，2011 - 11 - 29。

会利用信息技术，收集受众偏爱的信息主题类型和呈现方式类型，以及接受信息的时机偏好。在发生突发事件之后，将突发事件的最新进展发送到受众的电子邮箱里。受众在电子邮箱里看到突发事件的摘要信息后，如果有进一步了解的需求，可以直接点击链接进入该事件的页面。当受众浏览《纽约时报》网页时，也可以选择在感兴趣的事件下方区域留下自己的电子邮件地址，以后有类似的新闻事件发生时，可以通过电子邮件在较短的时间内及时了解。如果受众对该事件有做出评论的需求，也可以在电子邮件中完成。《纽约时报》可以通过电子邮件，让内容生产者与受众建立紧密的联系，开辟新的互动渠道和方法。

三、实行团队工作制

新闻编辑部的工作方式是协同式、复合式的团队工作制。新闻编辑部在进行工作时，由三种团队构成：内容团队、设计团队和技术团队。内容团队负责采集、提供制作内容产品的信息和数据，设计团队负责设计新闻表达和新闻展示的框架和细节，技术团队用数字化思维进行信息可视化、数据新闻、互动新闻等制作工作。三种团队工作彼此交织、并行不悖，优化了编辑部的工作流程和组织结构。

在信息传播的后 2.0 时代，内容生产的素材是固定的，但是内容生产的结果和呈现的形态却是千变万化的。2015年，《纽约时报》组建了"改写"小组，负责在众多媒体竞争激烈的领域，用《纽约时报》独特的内容生产思路、设计思路、内容呈现、平台展现等途径为受众提供独家的内容产品。这需要内容团队、设计团队和技术团队的密切配合。首先，按照信息播发平台的需要，改写内容产品。报纸纸质版、网络版、社交媒体平台的内容制作和编发，对同样的内容素材有不同的改写要求。其次，按照受众个性化定制信息的需求，改写内容产品，并将内容产品以受众喜爱的传送时机和传送方式发送到受众手中。第三，将各种改写的版本进行整合，探究不同内容模板的制作规律，提高对类似内容制作和创新的效率。

除了上述内容生产团队之外，美国报界的新闻编辑部也引入了产品包装和运营的团队，出现了产品经理这样的工作角色。2015 年 5 月，在《华尔街日报》，Katharine Bailey 负责的产品经理人团队开始与编辑团队共同工作。该产品经理人团队比较《华尔街日报》内容产品与市场上相类似的产品，创建它，呈现它，并且观察它是如何表现的，汇报给编辑部并决定该如何提升它，或者在未来开发一个类似的项目。每个具有市场价值的内容产品的模板被收集到《华尔街日报》的"样式指南"中，这是一系列指导原则，开发者、编辑或机构中的其他成员可以通过这个，在以后构建出相似的产品。①

在编辑部搭建工作团队时，对于内容生产者的个人能力要求越来越高，对于内容生产者的团队协作能力也抱有更大的希望。在报业编辑部承担社交媒体等新媒体平台内容生产任务的人，往往身兼数职，既要具备过硬的文字功底和新闻专业素养，又要具备视觉设计作品的基础和熟络的数据处理

————————

① 薛静编译：《〈金融时报〉和〈华尔街日报〉出新招：编辑部里新来了产品经理!》，http://www.wtoutiao.com/p/15esUpm.html，2016-02-25。

能力，同时懂得联手受众开发和利用内容资源。工作团队的运转不是封闭的，必须和业务部门以及经营部门保持良性的互动，随时吸收业务和经营部门传送过来的受众数据。此外，即使在《纽约时报》内部已经设置了受众拓展部的情况下，编辑部的每个工作团队内部也要专门设置负责联结受众的岗位和角色，负责规划和设计本部门的线上线下受众拓展的策略，统计本部门受众调查数据等信息，将受众反馈的信息及时向工作团队进行汇报，以便进行工作的调整。

四、数字人才的招募及使用

（一）对内部员工进行数字化技能培训

2014 年，《纽约时报》总编辑 Dean Baquet 宣布了上任后第一项改革：在报社主要采编部门中增设部门数字副主编级别的岗位。《纽约时报》的内容生产，目前的重点放在了数据新闻、虚拟现实报道、可视化新闻等技术含量高的数字新闻报道上，而编辑部门工作人员的工作理念的更新和实践经验的丰富需要有带头人去引领。任命这些副主编的原因在于，这些副主编擅长用数字技术生产内容产品，而且拥有丰富的经验。他们将帮助本部门的记者和编辑掌握最新的数字报道技术，传播受众拓展的理念。

除了编辑部各部门的负责人具有较高的数字思维意识和技能之外，编辑部的每一个工作人员都需要具备数字思维和技能。鼓励编辑部每一个成员加入数字化技能培训的最佳途径之一是重新修改编辑部评估激励办法。"对于编辑部来说，需要重新拟定评估、激励和监督机制进行内部考核。原本以传统媒体刊稿量为主的稿分制度需要优化，应加入网站新闻转发量、用户点击浏览量甚至是用户点赞量作为新的激励机制标准。"①

现在，《纽约时报》为了培养自身的移动化基因，已经禁止员工在办公室使用传统网页浏览《纽约时报》网站了。如果想要浏览该网站必须使用智能手机或平板电脑。这一举措主要是培养员工的移动化的思维，可以让员工在使用中不断发现移动版中的问题，并提出优化改进的方案。②

如今，《纽约时报》的数据科学团队已开始用机器算法，帮助编辑们挑选出在社交媒体上传播率高的文章。也就是说，如果你在《纽约时报》的 Facebook 账号上看到一篇有意思的文章，那很有可能就是算法挑选出来的。对于日常负责社交媒体的编辑而言，这一过程的实现也并不复杂。因为《纽约时报》自身的数字化办公平台是 Slack，该报还设计了算法机器人 Blossom，它可以运用算法挑选出《纽约时报》文章库中所有适合作为社交媒体高传播率、高转发率和高评论率的内容，并且给出将纸质版稿件改写为社交媒体流行话语的建议。该文章链接到《纽约时报》的社交媒体平台上后，该算法机器人还可以追踪其关注度等资料。

Blossom 的诞生，创意来源于去年秋天刚被任命为《纽约时报》副总编辑的 Alexandra MacCallu，她在《纽约时报》负责进行用户拓展和开发。Blossom 的日常工作就是"基于 Facebook 等社交平台推送的海量文章进行大数据分析，并根

---

① 唐绪军、黄楚新、王丹：《互联网思维下全球新闻编辑部转型与趋势》，《新闻与写作》2014 年第 11 期。

② 刘菲菲：《〈纽约时报〉禁止员工登陆传统网页版》，http：//soft.zol. com.cn/525/5258938.html，2015－06－15。

据数据预测哪些内容更具有社交推广效应。随后，再把这些靠谱的'爆款'文章告诉编辑，并提供建议。未来，通过机器学习，Blossom 甚至可以独立制定标题、摘要文案、配图等。《纽约时报》数据团队首席科学家 Chris Wiggins 透露，Blossom 的后端采用了十分先进的机器学习技术，通过 Java、Python 和 MapReduce 等语言和技术的支持，融合了非常前沿和复杂的算法；其前端则基于协作工具（Slack），内容通过直接接口整合到了《纽约时报》Slack 账号中的某个频道中。根据《纽约时报》内部统计的数据结果显示，在 Facebook 上，经过 Blossom 筛选后自动推荐的文章的点击量是普通文章的 38 倍"。[①] 未来，Blossom 将会涵盖具有文章推送渠道的所有社交平台。近期，除了 Blossom，《纽约时报》还研发了一种名为 R&D Editor 的工具，它可以在编辑写稿时，自动弹出文章可以采用的标签和关键字，比人工更高效、准确。

如何开发和利用新闻媒体受众数据，更好地理解受众行为和与受众建立深入持久的关系，是媒体共同关注的话题。不但《纽约时报》重视培养内部员工的数字思维和数字技能，其他媒体也在不断地提升深入了解受众的数据技能。最近，《华盛顿邮报》客户端推出了一个新功能 Re-Engage，试图重新挽回使用移动终端时没有专注阅读该报的受众的注意力。当移动端用户在阅读《华盛顿邮报》时，表现出消极情绪或准备停止阅读活动，"Re-Engage"将发挥作用。用户在移动端的阅读快慢都有记录。他们专有的 Clavis 个性化系统

---

① 腾讯全媒派：《1 年时间，机器人如何席卷英美编辑室》，http：//news. qq. com/original/dujiabianyi/jiqirenbianji. html，2015 - 08 - 19。

会记录下该受众感兴趣方面的数据，"Re-Engage"就会根据这个数据向受众推荐信息。[①] 在《赫芬顿邮报》，注重整合用户数据并将其运用到编辑决策中，通过个性化 Omniture 仪表板，每一个记者都有权访问分析数据。这些数据包括各种各样的指标，从比较传统的是否访问、页面访问量、独立访客到更复杂的，像哪些页面被关闭、或低于某个阈值、推荐的具体来源、视频数据以及每个记者写了多少文章。[②] 通过这些数据，随时调整内容生产的工作思路和方法，以满足受众的需求。

（二）引进数字人才，建立数字分析团队

《纽约时报》作为数字媒体技术公司，一直注重用最新的数字技术改造自己的编辑部。从编辑部的人员构成来看，在数字技术改造之前，编辑部的人员主要由采编人员构成，在数字技术改造之后，编辑部的人员由采编人员和工程技术人员构成，而且工程技术人员的比例在不断增大。这些工程技术人员组成的团队，被应用于《纽约时报》内容生产的各个环节。

Marc Frons 是《纽约时报》的高级副总裁兼首席信息官，他负责所有的技术战略和业务。在 2012 年被任命为首席信息官之前，他曾担任《纽约时报》媒体集团数字业务的首席技术官，他在那里负责数字平台的技术和产品开发工作。现在，他负责数字、印刷和企业技术，负责 NYTimes.com 网站的重

---

① 朱璇编译：《〈华盛顿邮报〉用 Re-Engage 抓牢不活跃的用户》，http://www.jzwcom.com/jzw/f2/12890.html，2016 – 02 – 19。

② 韩雨辰编译：《牛津路透研究所最新报告：新闻媒体如何开发受众数据?》，http://newslab.baijia.baidu.com/article/335228，2016 – 02 – 29。

新设计、内容管理系统开发（CMS）和 APP。"在《纽约时报》的早年时间，Frons 和他的同事建立了一个由新闻创新人员组成的技术团队——它由软件工程师和网页开发者组成。现在，成员超过 25 人。《纽约时报》还在考虑将技术人员引入编辑部，促进新闻人和技术人员的合作。Frons 认为，一些技术人员不懂新闻，而记者又不懂技术，在这种情况下，他建议非正式的对话，并确保为媒体项目团队提供技术人员支持。"①

Marc Frons 的工作思路和实践理念，对于《纽约时报》"移动优先"的发展战略具有重要的影响。他在《What the New York Times CIO is doing to make the newspaper a mobile-first company》这篇文章里详细阐述了自己的工作理念。他认为，"《纽约时报》不仅注重技术资源的移动通信的发展，也在反思编辑部和产品开发团队运作，这样《纽约时报》就可以成为一个移动优先的公司。当《纽约时报》说到移动的时候，指的是智能手机。这并不意味着《纽约时报》放弃了网站和纸质报纸的发展，而是意味着把移动看作一个有自己独特运营规律的、传播新闻、开发产品、市场营销、广告运营和运用科技的平台。《纽约时报》是重新定位整个公司，利用移动作为数字媒体消费的主要平台。《纽约时报》可以采取这些方法来使'移动优先'成为整个《纽约时报》思维的灵魂和行动的指导：第一步就是让内容生产尽量与平台无关。运用技术使《纽约时报》生产的文章、视频、图片和互动工具

---

① Ashley Nguyen：《纽约时报副总裁从互联网到手机的成功经验和想法》，http：//www.jzwcom.com/jzw/08/10101.html，2015 – 05 – 25。

能与任何设备无缝对接。下一个阶段是专为移动设备创建内容、工具、技术和广告。最后，随着一系列新的专为手机产生的广告经验产生，《纽约时报》正在扩大原生广告的领域。在内容展示方面，《纽约时报》也重新设计内容管理系统和应用程序，像《纽约时报》网站——NYTimes. com 那样灵活。移动应用程序开始成为网页的新闻提要。直到 NYT Now 的产生，《纽约时报》能够给予编辑在手机上完全掌握编辑文稿的控制权。这将是未来所有应有程序的模板。"①

哥伦比亚大学的克里斯·威金斯是《纽约时报》的"首席数据官"。他将每周花一天时间，为该报组建一个"机器学习"团队。威金斯认为，"《纽约时报》每天生产大量的新闻信息，但同时它掌握了用户如何使用这些信息的网上行为数据。他领导的数据分析团队不但要收集用户的使用数据，更重要的是对这些数据进行挖掘，并利用分析结果指导商业决策。"②

"在经营上，《纽约时报》力图与读者建立长期的互动联系，这就需要充分了解造成读者忠诚和不满的行为因素。此时，'机器学习'就能发挥作用了，通过收集数据分析出吸引用户的新闻内容，有助于编辑业务和经营的改进。"③ 《纽

---

① Marc Frons：《What the New York Times CIO is doing to make the newspaper a mobile-first company》，https：//enterprisersproject. com/article/2015/4/，2015 – 04 – 07。

② 钟布：《数据科学给〈纽约时报〉输入活力》，http：//tech. qq. com/a/20140915/013626. htm，2014 – 09 – 15。

③ 阚亚琪：《〈纽约时报〉起用生物研究员为首席数据科学家》，http：//www. stdaily. com/shouye/guoji/201402/t20140221_ 649999. shtml，2014 – 02 – 21。

约时报》的核心商业模式瞄准的是数字订阅用户，希望通过首席数据官领导的团队预测出哪位用户将要取消付费订阅，以及如何扩大订阅规模，有什么样行为的用户可能最终续订或退订，并在退订之前留住他们。

第五章　内容的产品化经营与受众拓展

　　《纽约时报》将内容作为产品进行经营，并且精心研究如何将内容产品变现为商业价值，如何将产品与受众匹配。作为产品使用者的受众，《纽约时报》会格外注重其使用产品时的体验感、便利感和增值感。

　　内容生产并不是简单的文本生产，而是生产与受众建立关系的产品，生产如何盘活《纽约时报》所有内部资源的产品。内容生产过程中，要具备受众联结思维、数据思维和信息服务思维。内容生产是与受众建立和深化关系的重要环节。

　　"在越来越多的人通过社交平台和移动终端获得新闻的今天，媒体和信息传播者对每一条内容的传播需要有更多的考虑，而且更多地从用户的角度考虑：第一，新闻传播的来源：是网站，还是移动终端？第二，获取新闻的手段——智能手机。第三，内容的展现形式——视频。第四，获取新闻的平台——社交。简言之，媒体需知用户的变化。"[1]

---

　　① 《密苏里孙志刚新浪微博》，http：//weibo.com/u/1929234823#1449259578686，2015 – 12 – 03。

第一节　坚持生产符合受众需求的
高品质特色内容

这里的内容生产不仅包括新闻生产，而且包括特色内容的重构和生产，例如健康、旅行、菜谱等内容，以适应特定受众。因为单一的内容策略已经不再适用于不同需求的受众群，内容生产和经营要坚持多元化和特色化的道路。

《纽约时报》和波士顿公共广播网新闻台 WBUR 展开合作，在网络播客中推出"现代爱情故事"（Modern Love）专栏[1]，邀请名人朗读《纽约时报》的一些文章。这档周四播出的节目，一部分是名人朗读（或者可以更精确地叫做"表演"）Modern Love 专栏，另一部分是作者采访，由波士顿公共广播网新闻台的 Meghna Chakrabarti 和 Modern Love 专栏的编辑一起主持。名人朗读部分是非常成熟的音频表演，有完善的背景音乐和混响效果（脚步声、女人的笑声、鱼缸里泡泡的声音等等）。《纽约时报》还在节目后做了一些专访，回答网友问题，把名人效应凸显得更好。广告部分，《纽约时报》已经决定了一系列重要的营销计划，比如支持把故事集刊印出来，在《纽约时报》的网站和社交媒体的侧栏做广告，提供艺术性的装饰，如此等等。现在，这个现场节目已经登陆苹果的 itunes 频道了，但《纽约时报》还将单独在自

---

① 《媒体黄昏恋 点燃第二春！看报纸和广播如何联姻？》，http：//www.jzwcom.com/jzw/4e/12700.html，2016 - 01 - 26。

己的播放软件上展现其节目内容，并同步在每周四更新。

一、技术与内容的深度结合

技术与内容的深度结合，实质是内容的数字化生产和传输，不断地用技术改善受众的体验，为受众创造价值。近几年，《纽约时报》一直致力于强化内容产品的技术因子。数据新闻、虚拟现实新闻、可穿戴式设备新闻、无人机新闻、图表式新闻等这些技术主导的新闻报道的类别，都在《纽约时报》内容产品设计和经营的过程中不断地被开发和探索。技术使得内容走近受众，融入受众的生活体验中。

（一）内容数据开放战略

通过执行内容数据开放战略，《纽约时报》将和受众一起分享内容生产者的角色。在内容生产中，《纽约时报》和受众一起创造属于自身的价值。"API（Application Programming Interface）翻译为应用程序接口，又称为应用编程接口，就是软件系统不同组成部分衔接的约定。由于近年来软件的规模日益庞大，常常需要把复杂的系统划分成小的组成部分，编程接口的设计十分重要。程序设计的实践中，编程接口的设计首先要使软件系统的职责得到合理划分。良好的接口设计可以降低系统各部分的相互依赖，提高组成单元的内聚性，降低组成单元间的耦合程度，从而提高系统的维护性和扩展性。"[1] 该报将内容采集、生产、流通的部分权力让渡给了受

---

[1] 《应用程序接口》，https://zh.wikipedia.org/wiki/%E5%BA%94%E7%94%A8%E7%A8%8B%E5%BA%8F%E6%8E%A5%E5%8F%A3，2015－11－11。

众，让受众成为内容生产的同盟军。"版权开放是一种基于数字技术和网络技术的新媒体版权运营形态，它与传统媒体的版权专有运营不同。传媒行业作为信息产业的重要组成，一些主流国际媒体开始探讨通过开放 API 来实现报纸行业的内容开放源代码。开放 API 是大平台发展、共享的途径，让开发者开发一个有价值的应用，付出的成本更少，成功的机会却更多。这种模式具备分享、标准、去中心化、开放、模块化等特点，在为使用者带来价值的同时，更能通过开放的API 让站点提供的服务拥有更大的用户群和服务访问数量。"①目前，《纽约时报》已经开放了各种不同类型的 API。例如，文章检索 API（通过检索标题、摘要和相关的多媒体链接，可以搜索到从 1851 年到目前为止的《纽约时报》的所有文章），书籍检索 API（检索《纽约时报》的书评，从畅销书列表中获得数据），竞选资金 API（通过美国联邦竞选委员会的档案获得总统竞选捐款和经费数据），群体 API（通过《纽约时报》网站用户获得评论），国会 API（获得美国国会投票数据，包括特定的众议院和参议院成员的数据），大事列表 API（获得纽约市和周边地区的精选事件的信息），地理信息 API（使用链接数据来强化《纽约时报》受控词汇表中的定位信息），最受欢迎的内容 API（获得被《纽约时报》网站读者发邮件、分享、评论次数最多的博客文章和新闻报道的链接和元数据），电影评论 API（获得影评和影评家的电影选择的链接，按照关键词搜索电影评论），语义学 API（获得《纽约时

---

① 徐剑、苏昱：《开放 API 开放内容——〈纽约时报〉〈卫报〉的网络战略转向新途径探析》，《新闻记者》2011 年第 4 期。

报》关于人物、地点和组织的受控词表中的元数据），《纽约时报》新闻线 API（在最新数据流中获得《纽约时报》文章链接和元数据），《纽约时报》标签 API（获取与受众的搜索结果匹配的标准化条款，并且经过《纽约时报》字典的过滤），最好的新闻报道 API（获取文章的列表和各部分的相关图像）等。

　　从《纽约时报》的开放战略中可以看到，"第一、媒体与受众的关系在变。传统媒体从新闻提供者与受众的关系，变成了创业组织者和创业者之间的同盟关系；第二、信息版权归属在变。传统媒体从信息所有权的拥有者变成了只拥有信息署名权，而信息的复制权、传播权、使用权都还给了受众，媒体和受众在互动的过程中共同获利；第三、广告业务的模式在变。在实施开放战略后，标准格式和 API 技术的引入，使新闻信息变得可编程，传统媒体的信息可通过 Web 方便快捷地接入到第三方媒体，新闻营销的中间环节大幅减少，从媒体自己跑广告，变为数字内容自动去找广告主，实现了内容的自主营销；第四、用户体验在变，用户获取新闻的习惯在变，盈利模式也随需而变。"①

　　（二）内容生产与前沿技术的结合

　　《纽约时报》注重利用数字技术，不断创新内容产品，近年来多媒体交互式新闻、数据新闻、虚拟现实新闻、可穿戴式设备新闻、无人机新闻、图表式新闻等技术基因强大的内容产品不断有精品问世。技术与内容生产的结合，目的是

---

　　① 刁毅刚：《〈纽约时报〉的内容数据开放和新闻客户端战略》，《中国记者》2012 年第 2 期。

让受众加入内容产品的生产、传播、共享的过程中，开放内容生产系统，延长内容生产价值链条。

2012 年，《纽约时报》曾以一篇名为《雪崩》（Snow Fall）的多媒体交互式新闻报道震惊整个报业圈，甚至有人称其将重新定义新闻生产，实现传统媒体的逆袭。《雪崩》之所以能够在发布六天后就以出色的表现力获得 290 万访问量和 350 万页面浏览，是因为它并非简单地将文字、图片、视频拼凑在一起，而是在报道技术上颠覆了传统报纸的新闻呈现方式，真正实现了融合。融合的关键就是吸引受众加入内容生产，唤醒受众对于内容产品的好奇心和参与感。《雪崩》报道根据受众浏览速度的快慢，用多元化的视觉呈现方式恰到好处地揭示了雪崩产生的原因、雪崩的虚拟场景、当事人的见闻等。信息的展现层次和展现进度由受众掌控，满足不同需求层次的受众需求。融合，不代表内容生产中多种元素的简单叠加，是在技术因素的推动下将内容生产与受众主动探索的行为进行深度融合，将内容挖掘的进度交由受众掌控。

在《雪崩》之后，《纽约时报》继续在多媒体交互式报道和数据可视化报道上探索。2013 年，《纽约时报》在市长换届选举前制作多媒体报道——《重塑纽约》（〈Reshaping New York〉）。"这个多媒体新闻作品以展现纽约十二年来新建建筑群、区域重新划分以及市内新建自行车道三大部分的改变为目的，用全屏十八帧、十二幅前后对比照片来清晰展示这些变化。要制作这样一幅图片，从初期的数据整理到后期图片制作，应该是整个作品技术层面上最重要，也是耗时最长的部分。正是这样用心制作的'数据可视化'让这篇报道和其他前后对比图片新闻有了质的区别"①。

在《纽约时报》的"数字编辑室"内，聚集了软件工程师、开发者、前端网页设计师和地理信息系统等各类专家。大多数时候他们并非在做传统意义上的绘图工作，而是在文档编辑器内敲击出一行又一行的代码，调用 D3 等 JavaScript 图形库，为《纽约时报》每日的在线内容制作出直观清晰又富于变化的互动网页。2014 年世界杯期间，《纽约时报》多媒体互动报道《美国出线的 984 种方法》。当时赛场的战况是：两轮小组赛后，美国队所在的世界杯 G 组的 4 支球队仍呈现积分胶着的情况，所以美国队的晋级形势扑朔迷离——在当天同时开打的 G 组最后一轮两场比赛当中，美国若战胜或战平德国，即可跻身小组前两名从而晋级；但若美德比赛中美国队败北，则需要看同组另一场葡萄牙同加纳比赛的结果才能决定其能否成功突围。

此次多媒体互动报道是如此呈现在受众面前的。一块正方形的网页区域被人为地以"36×36"的尺寸划分成了 1296 个小格，每个小格代表的是一套独一无二的比分假设，以及由此得出的美国队的晋级结果。矩阵的横坐标为美德的比赛进程，罗列出了从美国 5∶0 横扫德国到美国 0∶5 惨败德国这个区间内所有可能的比分结果，而纵坐标同样展示了对葡萄牙同加纳比赛结果的各种假设。这样一来，只要不出现某支球队进球数超过 5 个的情况，两场比赛的比分结果必然会落入 1296 个方格中的一个。在这 1296 个方格中，有 984 个

① 卜书剑：《纽约时报——布隆伯格市长十二年的改变纽约之路》，http：//djchina. org/2013/08/25/news-nyt-reshaping-new-york/，2013 - 08 - 25。

被标记为绿色。这个矩阵图清晰直接，省去了美国人当天看比赛时还要埋头苦算胜负积分和净胜球关系的繁琐，因此《纽约时报》决定把这幅矩阵图刊登在周四出版的纸质体育版上。

2013年8月14日，《纽约时报》推出了多媒体作品 The Jockey①。整部多媒体作品体量巨大，一共有八个章节，包含文字、视频以及动态图表。该报道讲述著名职业赛马师 Russell Baze 的故事，作为北美第一位赛马师，这一位已经参加了近五万次比赛。这部报道没有一个所谓的开篇，直接就是文字导读，然后是一段自动播放的视频。目的是给受众带来现场情景体验。每一部分开始，都通过一个文字导读引入视频，这一段话是被朗读出来。这种方法帮助读者进行转场。每段视频之后，都把前文的最后一段文字再度引用，但用灰体字标注。

《纽约时报》数据新闻报道的成绩，离不开具有统计学和计算机科学学科背景的专业内容生产者。Amanda Cox 是《纽约时报》数据新闻项目当家花旦。统计学背景出身的她，近年来自学了编程以及数据可视化工具，已经成为了数据新闻领域的先锋人物。她的代表作品包括：Facebook IPO，Jobless Rate for People Like you，How Different Groups Spend Their day 等数十个数据可视化项目。这些项目的内容十分广泛，从严肃的政治经济题材，到轻松的运动休闲话题，唯一共同的特点是所有的项目的背后都有大数据的支持。Amanda

---

① 任悦：《骑手背后：纽约时报多媒体报道 The Jockey 的制作》，http：//1416. me/15437. html，2014 - 01 - 09。

Cox 最为令人惊叹的一点是，她总有出人意料的点子，用你可以得到的数据，给你讲你想象不到的故事。①

在万物互联、万物皆为媒体的发展趋势中，可穿戴设备技术延展了人与媒体之间的关系。"2015 年，美国将有 3950 万成年人购买可穿戴设备，较 2014 年将上升 58%。同时，eMarketer 预测：到 2018 年，可穿戴设备的购买者数量将翻一番，达到 8170 万。eMarketer 表示，目前可穿戴设备在 25—44 岁的美国成年人中最受欢迎，今年该年龄段将有 1/4 的人使用可穿戴设备，到 2018 年，比例将上升至 50% 左右。而未来三年随着健康追踪器的推出，将有不少 65 岁及以上的美国老年人购买可穿戴设备"②。这个调查统计数据说明，可穿戴设备技术使用者的数量和规模的扩大，将会促使这项技术广泛地与媒介的生产经营活动相结合。虚拟现实技术与内容生产、智能手表与内容生产、无人机与内容生产日益受到媒体的重视。

近年来，虚拟现实技术正在被运用于内容生产中，众多新闻媒体，《华尔街日报》、美联社等都在尝试如何将虚拟现实融入内容生产中。虚拟现实技术，是创造同在感和现场感的一种新颖的数字技术。这种技术最早应用于游戏产业，为游戏中的玩家赋予游戏主人公的感觉。最近，这项技术被新闻传播领域引入。虚拟现实技术的原理，就是创造仿真的环境，将受众变为身处仿真环境中的目击者甚至是当事人，让

① 卫来来：《数据新闻的专家》，http://www.jianshu.com/p/2f3f32471b0a，2015-05-24。

② 《eMarketer：2015 年美国可穿戴设备增长率达 58%》，http://www.199it.com/archives/398784.html，2015-10-29。

受众利用自己的感官去见证新闻事件的场景、走近新闻报道中的报道对象、追踪新闻事件的进程。受众佩戴专门的设备，可以身临其境地进入事件发生的环境中，通过沉浸式的体验，接收到事发地和当事者所感受到的信息。这项技术适用于由于安全原因难以深入现场的灾难新闻报道和突发公共事件报道，也适用于现场直播的重大社会新闻报道。虚拟现实技术的运用，消除了受众与新闻事件、新闻人物之间的物理距离，拉近了彼此之间的心理距离，受众参与信息传播的掌控感增强。利用该项技术，受众可以选择任意角度观察事件的进程，不再受到专业内容生产者视角的限制，不再受到新闻事件的时空限制，同时受众可以选择观察的深浅力度，满足自身求知欲的层次需求。因此，这项技术赋予了受众参与内容生产和解读内容产品的更大的自由度和选择权，使传统媒体的新闻传播权力更快地失去了垄断地位。但是，虚拟现实技术的运用应该有使用范围的限制，这项技术不能使用在涉及到个人隐私、商业机密和国家机密的内容产品的制作过程。而且，虚拟现实技术所创造的仿真环境，毕竟与真实环境有着很大的差距。在进行内容生产时，虚拟现实技术采集到的信息，必须经过现实环境中事实核查的检验。

《纽约时报》新推出的 NYT VR（虚拟现实 APP）是一款移动应用，可以用来呈现来自全球各地的让人身临其境的仿真场景。受众可以视情况，选择将它和耳机，以及简易 3D 眼镜搭配使用。如果受众使用的是 iPhone 手机，可以在苹果的应用商店 App Store 找到 NYT VR 应用软件。如果受众使用的是安卓手机，可以从谷歌的应用商店 Google Play 下载该软件。受众可以选择单独使用该软件。但如果配合专门的虚拟现实观看设备，体验会更好。《纽约时报》给美国国内所有该报印刷版订户免费赠送 3D 眼镜 Google Cardboard VR（谷歌纸板集）。该产品由《纽约时报》的合作伙伴谷歌提供，它已经于 2015 年 11 月 8 日和受众所订阅的周日版报纸一起送达至受众家中。2015 年，《纽约时报》推出了虚拟现实 APP，并且推出了第一部虚拟现实电影——《流离失所者》。该报向报纸家庭订阅用户分发了一百多万个预先组装的谷歌纸板集用来观看这部电影。该虚拟现实电影之所以吸引受众，是因为虚拟现实技术可以制造"同感"，让受众与电影中的人物身处同一时空，感受人物的生活和场景。《纽约时报》认为，虚拟现实 APP 是该报发布的 APP 中最成功的一个，在 2015 年 11 月 5 日到 8 日期间，在该报众多 APP 中，用户下载该 APP 的数量最多。

　　《纽约时报》运用虚拟现实技术讲故事，成功地吸引了年轻受众，使其感到内容产品有意思。让年轻受众戴上头盔，像体验视频游戏一样体验该报的内容产品。《纽约时报》的"Walking New York（漫步纽约）"是一个使用了虚拟现实技术的影片①，讲述了为《纽约时报》杂志拍摄封面的艺术家的故事。该期杂志的封面是一个来自阿塞拜疆的移民，艺术家将这幅 150 英尺长的巨幅照片贴在了纽约曼哈顿区 Flatiron 广场的人行道上。这部电影让受众能够体会到拍摄过程的每一个细节，包括对街道的拍摄、摄制组的工作、如何贴照片，以及在直升机上的航拍。如果想在虚拟现实的情景下观看这

---

① 《全球 5 个最前沿的虚拟现实新闻赏析》，http://yjy.people.com.cn/n/2015/1012/c245079 - 27688785.html，2015 - 10 - 12。

部虚拟现实作品，受众只需要佩戴一幅 Google Cardboard 或者其他移动虚拟现实装备，然后再安装一个名叫 VRSE 的移动 App。除了"漫步纽约"之外，《纽约时报》还录制了一段名为 The Contender 的九分钟新闻短片，记录了四位总统候选人的竞选活动。而得益于虚拟现实技术的采用，观众们可以更加身临其境地沉浸于活动现场。在 The Contender 上线之后，来自 The Verge 的 Adi Robertson 也用谷歌的 Cardboard 体验了一下这部政治题材的短片，他表示 The Contender 给人的感觉好像在现场一样，距离感要少很多，并且整个颜色风格与《纽约时报》去年推出的 Displaced 相比要更暗淡一些，更加有新闻短片的纪实风格。目前 The Contender 已经登陆《纽约时报》的配套应用 NYT VR，iOS 和 Android 用户均可以下载体验。

《纽约时报》注重在内容生产中加入强烈的技术元素，还体现在根据不同的终端设备生产适配的内容产品。例如，2014 年，苹果手表问世。《纽约时报》在苹果手表上推出了一句话新闻，而且专门为苹果手表用户开发了新的新闻报道形式，使得用户可以在苹果手表微小的屏幕上阅读商业新闻、政治新闻、科技新闻和艺术新闻等。另外，《纽约时报》一直在探索运用新的技术来进行新闻生产。在采集和搜索新闻素材方面，传统的新闻生产流程有自己突破不了的局限。例如污染度和辐射度极大的核辐射区域、暴发传染病的区域、突发新闻事件的现场，这些地区的内容素材收集的难度非常大。无人机在新闻传播领域的运用，可以解决这个难题。《纽约时报》在无人机技术的帮助下，能采集到以往难以进入的领域的素材，拓展了内容产品的题材范围和呈现形态。当然，无人机技术不能使用在涉及隐私题材的内容产品上。

　　《纽约时报》有专门的部门负责研发技术与内容深度结合的产品。《纽约时报》的研发实验室（NYT R&D），位于曼哈顿第八大道 620 号的 28 层——《纽约时报》的办公室里，于 2006 年建立。该研发实验室的使命是：预测未来三到五年内的技术的变化趋势，然后构建原型，想象这些想法将如何影响媒体的未来以及如何颠覆人们对传播的认知。内容如何传递？什么样的设备会被用来将信息传递给受众？平台将发生什么样的变化？这些想法不只是用来创造产品，还被用来探索《纽约时报》的未来产品。实验室工作人员由建筑商、程序员、修理员组成。《纽约时报》研发实验室的工作重点是帮助该报思考新兴技术将如何影响传媒行业。例如，该研发实验室曾经探索如何利用大数据扩大《纽约时报》的发行量。《纽约时报》的研发中心组织了世界顶级的数据研究团队，成立了专门项目组，利用大数据对媒体登载的内容进行观察和预测，力求通过对内容的控制来助推发行量。

　　研发团队从推特和脸谱网等社交网站上记录下所有涉及到《纽约时报》登载的内容，包括网民们发布和回复的所有信息和网址链接的数据。随后将这些数据与网友们登陆《纽约时报》网站时，所浏览过的内容相关联。这个相关的数据研究被称为层叠项目（Cascade）2.0。通过这些数据的搜集可以了解和预测，受众何时对《纽约时报》即将报道的内容感兴趣，达到一个舆论关注的峰值。同时，可测算出什么内容将不会引起关注。最重要的是，研发团队的兴趣点在于[①]：

---

　　① 王岚编译：《〈纽约时报〉应用大数据可视化扩大发行量》，《国际品牌观察》2013 年第 10 期。

这些口口相传的网络交流如何能促进报纸的订阅量和广告收入,《纽约时报》如何参与到社交网络的讨论和对话中,以促进在读者心目中的认知忠诚度。如何识别那些真正有影响力的读者,并吸引成为《纽约时报》的忠实订户,以其影响力来满足网友捕捉兴趣点的需求。

目前,《纽约时报》研发实验室关注的技术趋势,都与建立且深化和受众的关系相关①:a. 数据保护:当编辑室越想知道受众想要什么,就越需要掌握丰富的底层数据。然而,与受众建立信任的第一步就是保护隐私数据。b. 物联体技术:人们随身携带的设备,尽管看起来不像电脑,但却可以监测人们的行为,比如:智能手机、智能手表、智能手环或未来的设备。c. 读者与记者间的关系监测:如何打破读者与记者间的隔膜,数据如何在两者之间来回无障碍传输。d. 个人和文本接口:这不仅要监测个人的行为,更要监测个人所接触的文本,并依据监测数据为新闻编辑室提供精准打击的建议。e. 记者与机器人的合作:用实验室的人工智能设备帮助记者找到新闻,并以不同的方式呈现。f. 新平台的出现与进化追踪:传统新闻业对社交媒体的不敏感已经造成难以挽回的后遗症。因此,对新平台进化的追踪是实验室必须重点关注的部分。

《纽约时报》的研发实验室根据信息传播的趋势,曾经创造出"累积性新闻"、Reveal 镜子、图形化工具 Streamtools 等产品,不断用技术推动内容生产的效率,深化与受众之间

---

① 《〈纽约时报〉造"机器人编辑"和"长耳朵的桌子"》,http://www. jzwcom. com/jzw/ae/12189. html, 2015 – 12 – 10。

的关系。下文将详细进行介绍。

　　"累积性新闻"，是按照拼图的原理去打造内容产品的模板。详细地来说，在内容生产的整个流程中，将采集、搜索、制作、传播等各个环节中收获的各个信息元素细分为"微元素"，每个"微元素"都进行归档处理，然后将这些元素排列组合，分配到不同的信息库中。每一种排列组合形成一种内容生产的模板。当编辑部的内容生产者在生产新闻的时候，他可以很快地在排列组合的资源库中找到需要的"微元素"列表，重新对信息元素进行再加工和赋予新的意义。因此，《纽约时报》的内容生产的创新，不仅是内容生产的题材、工具、平台的创新，而且信息的组合方式是可以不断变化，展示方式也是可以不断更新的。

　　"《纽约时报》研发实验室研发出了一种镜子 Reveal，它内置 Kinect 并利用半反射镜面，结合现实增强、人脸识别、声控、体感、射频技术等，人们不但能看见真实世界的反射，同时也能看见一个重叠的、对比度相当高的虚拟图像。它利用声控、体态激活内容，包括来自其他 Reveal 用户的全屏视频消息，然后利用射频技术揭示个人数据，镜子还能识别人们的某些举动，比如当受众安排一个行程或者锻炼不力时，镜子就会给受众推荐相关的内容，如果感兴趣，受众可以触碰镜子上的手机，将文章同步到一些平面阅读应用上边。"①

　　"《纽约时报》研发实验室已经发布了 Streamtools，它是

────────

　　① Annie：《未来的镜子 Reveal，集 AR，声控，体感，人脸识别，射频于一身》，http：//www. leiphone. com/news/201406/reveal-mirror. html，2011 - 12 - 07。

一个通用的处理数据流的图形化工具。Streamtools 提供了一个能够在浏览器中运行的 GUI（图形用户界面），用户可以用它来探究、分析、更改数据流，并从中学习。Streamtools 所定义的操作词汇非常简单：数据通过连接在块之间流动。它们可以互相连接起来共同创建实时数据处理系统，既不需要编程，也不需要复杂的基础设施。"①

二、重视生产符合受众需求的移动平台内容产品

移动平台内容产品的打造中，智能手机是一个重要的因素。在美国，智能手机极大地改变了人们获取新闻和消费新闻的方式。eMarketer 的研究报告指出，"2014 年，大约有23% 的美国人的媒体消费选择了移动设备。移动设备上的新闻消费已经超过笔记本电脑和台式电脑上的新闻消费。而且，40% 的在线受众是移动受众，其中大部分移动受众是智能手机用户。传统新闻媒体正在失去移动受众的关注。comScore 的研究数据显示，只有 0.9% 的笔记本电脑和台式电脑用户消费报纸内容，而在智能手机上，只有 0.2% 的用户消费报纸内容。"②

移动平台内容产品的生产和设计要充分尊重用户的需求。移动用户是一个不同于笔记本电脑和台式电脑的受众群体，他们有着独特的消费心理和使用习惯。碎片化信息、移动化场景、智能化分享是这个群体对于内容产品功能和形式的基

① Michael Hausenblas、王灵军译：《纽约时报实验室引入了可视化流处理工具》，http://www.infoq.com/cn/news/2014/04/nyt-streamtools，2014-04-21。

② Joshua Benton：《The mobile majority：Engaging people on smartphones is the next big challenge to the news》，http://www.niemanlab.org，2014-06-12。

本要求。《纽约时报》在发布《我们的未来之路》（Our Path Forward）这篇宣言时提出，移动传播并不只是一个分发信息的途径，它改变了人们消费新闻和信息的习惯。在手机上，《纽约时报》侧重两个主要入口点的改革，主页和文章页。采用更大的照片，改进提炼突发新闻要点的方法，这些都能增强手机上的用户体验。为了拓展移动受众，同时也为了开辟亚洲市场，《纽约时报》建立了微信公众号，《纽约时报》即将每天用英语和中文发送新闻摘要和特写给世界上的微信用户。此外，《我们的未来之路》这份宣言中称，在美国报业陷入困境之前，《纽约时报》的核心受众是家庭订阅用户，该报的内容生产和推销模式要满足家庭订阅用户的需要。家庭订阅用户主要是社会精英人群，根据受众的社会阶层的特点，《纽约时报》以篇幅长的时政新闻报道和高品质的文化艺术报道满足受众的需要。当前，美国报业和经济领域内的其他传统产业一样，受到移动媒体新的生产方式和营销方式的挑战。《纽约时报》将重点打造移动媒体平台，将移动媒体的用户转化成核心受众群，并针对移动媒体用户进行营销，为其提供个性化和场景化的服务。

　　《纽约时报》移动端市场开发经理 Scott Stanchak 指出，"移动端业务现在大约占到了《纽约时报》数字业务总量的50%。作为世界新闻机构的翘楚，《纽约时报》的策略是'在用户生活中，我们要无处不在'。那意味着，专攻市场开发和产品研制的团队要不断给用户提供新的移动端产品，技术团队则要在 ios、安卓以及移动网络等多种平台上下功夫，以提升用户体验"。[①] Marc Frons 是《纽约时报》的高级副总裁兼首席信息官，他负责所有的技术战略和业务。他在谈到智能手机上的移动策略时指出，"手机是一个推送媒体，推送通知对于流量的增加至关重要。推送通知提醒人们，你在使用这个应用程序，激发使用意识和鼓励使用。另一个重点是个性化。我们想给人们最能吸引他们的东西，但我们不想把重点放在产品上，以至于他们错过了很多东西。"[②]

《纽约时报》在打造移动端平台的内容产品时，走的是一条轻质化、垂直化的内容产品路线。移动平台的内容产品生产链和纸质媒体平台的内容产品生产链，从设计原理到操作流程完全不同，面对的核心受众群也完全不同。只要核心受众接受内容产品，并且愿意为之付费，移动平台的内容价值就能变现，就能实现附加其上的营销价值和推广价值。"移动端新闻写作应该更简洁、有互动性，包含提供更多细节故事的链接；要通过图片和视频来讲故事；标题要精确、文艺、有吸引力"[③]。因此，NYT Now App、NYT Real Estate App、NYT Cooking App、NYT Crossword App、The Scoop App 等《纽约时报》风格各异的手机移动应用程序都注重提升用户体验和新闻推送的质量。

让受众享受内容产品的易用性和愉悦感是《纽约时报》

---

① 《〈纽约时报〉在 IP 开发道路上一路狂奔，弄出一堆 App 真能扭转颓势?》，http://www.aiweibang.com/yuedu/72678491.html, 2015 – 12 – 09。

② Marc Frons:《What the New York Times CIO is doing to make the newspaper a mobile-first company》，https://enterprisersproject.com, 2015 – 04 – 07。

③ 孙莹:《专访〈纽约时报〉数字化负责人:"数字化让我们的新闻更有影响力"》，http://news.ifeng.com/a/20150825/44509268_0.shtml, 2015 – 08 – 25。

移动应用程序追求的设计思路。NYT Now 是《纽约时报》根据年轻受众的信息消费习惯，为移动平台推出的应用程序。这个移动应用程序最大的特点是每天早晨和晚上各自推送一次信息。早间的信息推送重点在于盘点昨夜发生的重要新闻和预测某些事件的最新进展信息。晚间信息推送重点在于为受众聚集其一天中最关注的专业新闻，而且往往用图片和视频等轻松的形式展现。早间和晚间的信息推送密切结合移动平台阅读的轻质化和交互性强的特点，使用简短的语言和生动的图片来吸引受众。例如 2015 年 12 月 3 日的"晚间资讯"（"Your Evening Briefing"），一共发布了 11 篇新闻短讯。在手机上，只要输入受众的邮箱地址，就可以订阅邮件版的早间资讯。此外，NYT Now 移动应用程序中还设计了纵横字谜的环节，让受众在浏览信息的间歇，通过做字谜游戏来放松身心，并且在字谜的答案中了解新闻热点词汇。

"最近几年来，《纽约时报》的移动端读者数量持续增长，作为反馈，《纽约时报》已经专门为一小批特定受众设计、推出了一系列新应用。比如《纽约时报》美食 APP、观点 APP，以及提供策划新闻提要的《纽约时报》'NYT Now'——它将点击浏览器的读者转化成普通读者和最终用户。但是这些小众 APP 吸引而来的用户数量并未达到《纽约时报》的预期，近日《纽约时报》宣布将革新其移动端的所有应用。过去对用户实行按月收费的《纽约时报》'NYT Now'将会变成免费的"。[①] 这些适合不同特定受众的移动应

---

① 储宝：《〈纽约时报〉：移动应用要与用户有真实交集》，http：//news. xinhuanet. com/newmedia/2015－05/05/c＿ 134210362. htm，2015－05－05。

用程序有各自的定位和内容生产特点。NYT Real Estate 是一款房地产行业导航应用，主要为读者提供最新的房地产消息及相关文章。在这款 App 上用户可以浏览纽约市、全美甚至全世界的房地产信息以及房屋周边学校、商店信息等，可以计算房租、每月按揭贷款，可以按邮政编码、街道名称等关键词搜索房屋，查看物业并获取去往该处房屋的路线，还可以直接联系中介。NYT Cooking 是一款免费应用，主要为读者提供各类西式菜系的做法和攻略，优质全面。它的主界面展示不同标签内的菜式，用户可以在最顶端的搜索栏，通过关键字寻找自己想要了解的菜式。下方则是不同类别的标签，包括"素食"、"周末特餐"、"F 二人特餐"、"杂烩锅"、"时代精选"以及"Cocktails"等 9 类不同菜式及饮品。NYT Crossword 是一款免费下载的填字游戏。玩家只需连接或创建一个新账号，就可在任何地方——包括网络平台上玩该游戏。此外，还设有"每日拼图"——与《纽约时报》纸质版上的一样。它也设有"每日拼字"板块，用户只需花费 10 便士就能订阅并享受解谜的乐趣。此外还有"迷你拼字"、"主题商店"、"经典解谜"等多款游戏，种类丰富，花样百出。The Scoop 是《纽约时报》开发的一款关于纽约的全景式导航游览应用。用户可以在 The Scoop 上晒出心仪的餐馆、酒吧、咖啡厅、演出展览和旅游线路等，并分享给朋友们。同样地，也可以在上面查找他人的足迹，寻找纽约好玩的剧院、画廊、音乐会、儿童乐园、家居摆设点等，并根据用户点评规划自己的行程。还可以查询附近借自行车的地点以及归还点，自助出游，获得最独特的纽约一日游体验！①

在这些免费垂直领域客户端中，NYT Now 和 NYT Cooking 都位列苹果公司 iTunes 和 App Store "2014 最佳"应用程序名单。NYT Cooking 尤为成功。《纽约时报》2014 年 5 月在网站上推出美食频道，继而根据该报的移动优先发展战略推出了 NYT Cooking 移动应用程序。该移动应用程序是一个移动版的厨房烹饪指南。该移动应用程序可以根据进餐的人数、氛围、节庆时刻等具体场景提供菜单和菜肴烹饪教学视频，可以为用户量身打造适合的营养配餐食谱等。2015 年 1 月，《纽约时报》执行总编辑迪恩·巴奎特（Dean Baquet）在一份备忘录中称，NYT Cooking 已拥有 800 多万网页端用户，而移动客户端则被下载 30 万次，可能成为未来数字时代深度报道的模板。

在《纽约时报》目前的移动内容产品群中，不同的手机移动应用程序对于编辑工作提出了改革的要求。"移动端编辑工作的调整，会将出版的整个过程自动化，让内容自动流动到下游去。但是自动化创建出来的应用主页看起来就像是网络主页的镜子，可将同样的头条新闻标题、同样的图片设计和文章字体直接复制到应用里。因此，应用里的每一篇新闻的呈现方式都是相同的，离不开缩略的图片、简洁的标题和短评"。② 内容生产的形态是统一的，内在精神也应该是统一的，为移动受众提供碎片化、个性化、参与感强的内容。《纽

---

① 《〈纽约时报〉在 IP 开发道路上一路狂奔，弄出一堆 App 真能扭转颓势?》，http：//www. aiweibang. com/yuedu/72678491. html，2015 - 12 - 09。

② 储宝：《〈纽约时报〉：移动应用要与用户有真实交集》，http：//news. xinhuanet. com/newmedia/2015 - 05/05/c_ 134210362. htm，2015 - 05 - 05。

约时报》移动媒体的内容生产者应该成为移动设备使用的行家，懂得在吸收机器算法推荐而来的且能在社交媒体上广为流传的内容的基础上，做出专业的策划。精心策划与移动媒体受众互动的方案，并且根据不同的移动应用程序的内容定位设计营销方案，巧妙融入广告的元素。

三、重视生产符合受众需求的视频类内容产品

《纽约时报》一直在探索生产视频类内容产品，吸引年轻受众。《纽约时报》联合美国数个新生代明星艺人制作了一款关于新歌《你又在哪（Where Are Ü Now）》MV 的介绍视频。在这首主打歌中，转型中的加拿大青年歌手贾斯汀·比伯（Justin Bieber）联合了团体 Jack Ü。时长 8 分钟的制作视频使用了原歌做背景音乐，讲解了整个 MV 的制作理念，以及这首歌如何成为一首排名前十的单曲。为了制作这一视频，《纽约时报》采用了 3 种比例，为 YouTube 固定播放器使用的 16：9 比例；iPad 使用的 3：4 比例；手机的竖直 9：16 比例。① 这意味着，通过竖直的手机视频，满足移动受众的需求，增强其观看体验。

2015 年，《纽约时报》发布了一篇标题为《我们的未来之路》（Our Path Forward）的宣言。宣言中提到，视频报道和现场直播报道，是适合和新受众建立联系的必要方法。《纽约时报》必须在这些领域扩大投资和细化相关方法。实践证明，《纽约时报》在视频报道的发展方面，取得了显著的成

---

① 陈栩：《〈纽约时报〉试水竖视频，因为人们都用手机看视频了》，http：//m. thepaper. cn/newsDetail_ forward_ 1373569，2015 - 09 - 10。

绩。2015 年 7 月 22 日，美国国家电视艺术与科学学院宣布了第 36 届年度新闻与纪录片艾美奖提名奖名单。在广播、有线电视、卫星和互联网广播被题名名单中，《纽约时报》有 8 项已经被提名而且获得了多项艾美奖。

第二节 用"采编与运营合一"的 思维重新生产新闻产品

新媒体时代纸媒的价值依然体现在内容价值上，但是这种内容价值不再是单一的文字价值，而是资源整合后的价值、内容与推广合一的价值、推广营销的价值、联结受众的价值。什么是好的内容？好的内容是优质的、生产与运营合一的内容、技术与信息深度结合的内容。

"媒体在高度重视独家、深度报道的同时，把技术与内容深度结合，建立大数据库，对发布出去的每一条信息进行持续追踪，对传播效果好的稿件及时总结经验，对分享频次少、搜索效果差的及时修正，确定本行业、本领域、本媒体最受欢迎的文章类型，有的放矢地打造精品内容"。[1]

一、重组、设计、包装内容

针对如何运用新方法来拓展受众，《纽约时报》在 2014 年 3 月推出的《创新报告》中提出对无时效性内容进行重新

---

[1] Mashable：《新媒体翘楚 BuzzFeed 如何做到人均停留时间超过五分钟？》，http：//www. mediacircle. cn/? p＝23112，2015－05－15。

包装的策略，即重组、设计、包装内容，重点在于盘活已有的内容资源，让无时效性内容和档案史料发挥价值。这些机遇不仅限于为新闻服务，也可以成为读者的时事通讯工具和丰富的图书馆资源。

无时效性内容的重点开发领域分布于三个方面。第一是档案资料。《纽约时报》在《创新报告》中指出，在数字时代，《纽约时报》有一项优势远远领先于其数字行业竞争者，那就是《纽约时报》拥有丰富的资料。截至发稿前，该报共有 14, 723, 933 篇报道，最早的可以追溯到 1851 年，这些报道都可以以有用的或适时的方式重新利用。但是《纽约时报》却从未对这些资料进行过深入挖掘，这可能是《纽约时报》比较注重最近发生的事情。第二是文化艺术类等时效性弱的新闻报道。《纽约时报》在图书、博物馆以及戏剧领域的报道在新闻界占据主导地位。可以将这些无时效性的报道重新包装制作成文化导刊，供读者阅读。第三是生活化传播的内容。Cooking（烹饪）栏目组彰显了《纽约时报》在无时效性内容方面所拥有的巨大宝库。近十年来，Cooking 栏目每周都要发布或推出一些新的食谱。

创建合集是盘活和整合旧有内容资源的一种方法。对旧报道进行再包装，从《纽约时报》的档案中选取材料进行包装，并使其重新具有相关性。合集使该报自然而然地以不同的方式将内容分类，例如，按版块、话题以及署名进行分类，这样就可以在新的框架下将旧的内容整合在一起，而每日更新的报道是做不到这一点的。产品和设计部已经对合集版式进行改进，将内容以一种更直观有效的方式整合起来。新闻采编部应大力支持此项工作，为记者、网络总编辑、摄影记者、编辑并最终为受众提供一种方法来制作合集，以一种特别的方式对内容进行重新包装。如果设计的工具非常直观并且易于使用，那么就可以鼓励受众将一系列报道放进自己建立的合集中，并且分享给他人。这就相当于赋予了受众参与到网站建设的权利，同时降低了对时报品牌造成损害的风险。

《揭秘色情场所》（Inside the Brothels）合集是个典型的案例，它体现了如何能够不费力气就从《纽约时报》的档案中选取材料进行包装，并使其重新具有相关性。在《揭秘色情场所》出版前，合集中的 7 篇文章很多年都一直没有点击量。然而，经过重新包装后，左下角图标显示这些故事的点击量飞速飙升，其中几个故事的点击量甚至超过当天上线的新报道。

建立模板，使得运营无时效内容具有可持续性。工具、模板和永久性修补可以提升报道水平。《纽约时报》在数字领域取得成功的道路上所面临的最大阻碍之一是：总是倾向于将大量资源投入到大型的单个项目，再制定针对这个项目的解决方案，结果忽视了创建工具和模板等不起眼的工作。但这些工作却可以节约数字记者的时间，提升报道水平。《纽约时报》大大低估了可复制性的作用。平台创新势在必行。《纽约时报》的行业竞争对手，特别是以数字发家的公司，认为平台创新是公司的核心。媒体公司 Vox 以及非盈利新闻机构 First Look Media 已经运用制作好的工具以及模板为记者提供方便。

二、建立内容推广模式

关于如何让内容到达更多受众，内容如何变现为商业价值，传统媒体可以借鉴 BuzzFeed 的经验①：如何让优质内容到达更多受众，是媒体最该思考的事儿。以传播为目标制造内容、让数据成为内容牧羊人、把最终呈现页视为首页、将社交媒体作为主战场、靠病毒式传播获得受众、让内容成为最好的广告。以传播为目标制造内容，而不是以发布为目标制造内容，注重内容的推广、分享和搜索，内容生产和内容运营合一。为何要借鉴这家媒体的内容推广经验？《纽约时报》有自己的考虑。按照传统的思维习惯，《纽约时报》主要是通过在其他媒体上做广告来推广自己的内容产品，推广的主体是报社自己。而 BuzzFeed 的推广策略是帮别家媒体生产内容产品，借助别家媒体移动产品和社交媒体产品流量的增加而开拓自己的平台渠道、推广自己的产品。因此，《纽约时报》也应该将帮助别家媒体做内容作为内容推广的另一条渠道。传统媒体的内容价值的开发和变现，需要借助社交媒体平台，在内容产品创造价值的过程里，懂得将部分价值让渡给其他媒体，达到双方共赢的效果。借鉴 BuzzFeed 的经验，《纽约时报》拥有一支 11 人的小分队，专攻短信和客户端推送通知。首先，依据用户个人口味及喜好来推送个性化内容。其次，尝试使用"较为随意"的非正式语言风格，来让自己的报道脱颖而出。目前，轻松化表达主要针对 Apple Watch 用户。《纽约时报》的推送团队正着手追踪读者点击某条推送通知并打开 app 阅读全文的概率，试图搞清楚多大的比率更好。许多新闻机构都急需了解读者反馈以及阅读频率，

---

① Mashable：《新媒体翘楚 BuzzFeed 如何做到人均停留时间超过五分钟?》，http：//mt. sohu. com/20150515/n413112376. shtml，2015 - 05 - 15。

《纽约时报》也在追踪读者点击后的一系列行为。对于《纽约时报》而言，仅仅停留在把消息推送出去，远远不够。推送能否导向用户的付费行为？这是他们正在"攻克"的难题。[①]

在信息传播生态由集中化向分散化方向发展的今日，信息的推送比信息的生产还要重要，而受众接受了推送来的信息并及时提出反馈，才能体现出内容价值。信息的推送，是让内容产品主动寻找受众并且锁定受众，这就需要关注受众接受信息的时间偏好、空间偏好、形态偏好等。信息推送效果的完善，依赖于数据挖掘工作带来的对移动媒体受众全方位的了解。在《纽约时报》的《创新报告》和《我们的未来之路》中都提到了该报要坚定地走受众拓展的道路，受众拓展的前提是找到核心受众，巩固核心受众，服务核心受众。《纽约时报》在创新报告中指出，目前，《纽约时报》实现内容个性化的主要工具是"推荐"栏，同时正在考虑根据读者的阅读习惯，把主页的一部分空间留给读者很想看却错过的内容。另外，还可以创建一个"追踪"按钮，为读者接收新闻订阅提供多种方式。同时，标签是一种结构数据，读者可以利用标签来搜索新闻。为什么标签如此重要？标签可以被搜索、分类，并在分析和创新过程中加以利用。然而《纽约时报》尚未更新结构数据来满足数字时代变化的需求，结果就是严重落后于该报的竞争对手。因为缺乏更有效的标签，《纽约时报》无法让读者追踪未完的新闻，找到该报刚刚报

---

① 腾讯全媒派：《〈纽约时报〉客户端力推"个性化 push"》，http：//news.qq.com/original/quanmeipai/nysb.html，2015-11-11。

道过的附近餐厅，甚至无法让照片出现在搜索引擎上。每次都有将近60%的读者通过移动设备来阅读《纽约时报》，然而该报无法提供与读者位置相关的新闻，因为该报没有用地理坐标对新闻进行标记。《纽约时报》的竞争对手在使用结构数据方面领先该报一大步。《华盛顿邮报》和《华尔街日报》通过使用结构数据来分析，编辑就可以在突发新闻来临时快速凸显相关新闻的内容和背景。

第三节　内容生产资源和环节向受众开放

受众是内容的共创者，但是《纽约时报》在这背后仍然是幕后的统筹人。众包、众筹、众创，实质是强调用户是互联网的创造者，受众是内容的共创者。互联网开源、平权、去中心化的信息传播模式，给内容生产带来了新的发展契机。众包就是这种新契机下的产物。众包，是新闻传播媒体借助新媒体将内容生产任务承包给各位感兴趣并且有能力完成的个人。在这个过程中，媒体在其中扮演的是筹划者和组织者的角色，对于生产过程只是发挥引导作用，而不是控制作用。个人自觉接受内容生产任务，并自愿接受媒体的引导。在内容生产中，众包带来的是"内容开放"的理念，这已经成为了当今内容生产的主流趋势。其他媒体也在走在"内容开放"的发展道路上。2014年4月，英国《卫报》因"棱镜门"报道获得了普利策新闻奖中分量最重的公共服务奖，这也是其新媒体转型中"开放新闻"实践的一次成功证明。从2006年的开放评论平台、2009年的开放数据平台、2010年的开放技术平台到 2011 年以后形成的开放式新闻，在网络和自媒体平台上向读者开放从选题到制作的全过程，不仅重建了媒体平台上的传受关系，使《卫报》占据了世界新闻的前沿，而且还使《卫报》成了数据新闻的先驱者。[①]

众包看上去像互联网的产物，实际上已经存在很多年了。1896 年，《纽约时报》进行了一项实验。当时该报决定应寻找一条新的座右铭来取代原有的这条著名的座右铭——"本报刊载所有适宜刊载的新闻"。《纽约时报》要求读者寄来他们拟定的新的报纸的标语，并且允诺奖赏最佳标语作者 100 美元。他们收到数以千计的写有标语的明信片。最后，《纽约时报》把奖金授予了纽黑文市的 D. M. Redfield 提出的这条标语——"本报提供世界上所有的新闻，但并不提供丑闻。"但是报纸决定保持原来的座右铭。

西方新闻界的众包实践已经有若干年头了，它们往往是将工程量巨大、参与门槛相对较低的任务分包给网友。例如，2012 年总统大选前，曾获普利策奖的网站 ProPublica 就推出过"Free the files"项目，请大家一起整理联邦通讯委员会（FCC）发布的大量且复杂的电视竞选广告数据，从中提取出广告的购买者等关键信息。在美国政治中，购买竞选广告是一种隐蔽的通过金钱支持某个政党、影响选举结果的方式，这个众包项目的宗旨就是要让这些暗处的钱现身在阳光下，而这依靠一个新闻机构的人力是无法完成的。[②]

---

① 刘笑盈：《"融媒时代"国际新闻的新特征》，http：//by. cuc. edu. cn/xsgd/3996. html，2015 - 11 - 10。

② 方可成：《〈纽约时报〉怎样玩"众包"？》，http：//fangkc. cn/2015/01/new-york-times-hive/，2015 - 01 - 17。

"一些媒体从传统的把关人向'赋权者'转变，将公众视作新闻生产的组成部分之一，通过系列职业与业余的配对项目，达成专业组织与市民新闻的合作。CNN 在 2006 年推出的 iReport 栏目被视作引领新闻创新的标志。在这个栏目中，用户可以主动上传报道内容以及自主交流，CNN 设专人负责审核，并为审核通过的内容添加编者按，以保证新闻生产内容的品质。通过这种公众和记者的混合报道，主流新闻机构付出很小的成本就整合了公众生产素材。而公众亦从参与中认识到新闻业的价值，反过来改变新闻业自身"。[1]

众包对于《纽约时报》的受众关系管理和受众拓展具有重要价值。首先，降低《纽约时报》的营运成本，通过将某个特定内容生产任务分配给受众去做的过程，充分调动了受众关注《纽约时报》的积极性，同时"共创"的核心理念使《纽约时报》与受众产生高度互动，受众定位更加准确，《纽约时报》在稳固核心受众的同时，降低了开发新受众群的成本，有利于吸引和挖掘潜在受众。其次，众包的运行，有利于拓展受众。在众包任务的执行过程中，《纽约时报》可以及时掌握受众的喜好和需求，能够使该报按照受众的要求对内容产品进行改进，有利于开发新的内容产品。第三，众包任务的执行过程中，将受众间接变成了《纽约时报》的共建者，进一步提高了受众的满意度和忠诚度，成为了完善受众关系管理的一种方法。第四，众包模式会调动受众个体和群体的积极性，吸引更多受众参与到内容产品的研发和设计中，

---

① 李赛可：《框架视角下的美国新闻业危机》，《新闻记者》2015 年第 11 期。

此时的受众，不仅是《纽约时报》产品和服务的消费者，更是产品和服务的设计者和制造者。

2014 年 10 月，《纽约时报》推出众包产品"Madison"。这个内容开放项目的宗旨就是再度开发和利用《纽约时报》过刊中的广告资源。《纽约时报》过刊中的广告中蕴含着巨大的信息价值和服务价值，它不仅展现了当时的社会经济、政治、文化等社会各个领域的侧影，而且展示了生活方式信息。由于过去技术条件的局限性，广告的信息没有进行编码。这个项目目标是把过刊中的广告找出并加以编码，进行结构化处理后放入数据库中。之所以创立这样一个广告领域的内容开放项目，是因为广告同样蕴含了相当丰富的信息，且能为广告环绕的新闻报道提供很有意思的时代背景作为参照。《纽约时报》研发实验室决定借助人力，进行众包（crowdsourcing）。打开 Madison 的页面，任何人都可以立即参与这项历史资料的整理工作。从易到难有三种任务可供选择：判断某块内容是不是广告；给一则广告加上分类标签；录入一则广告的信息。这些工作完全是无偿的，所以工作本身的社会价值及其趣味性就至关重要。幸运的是，这两点得到了许多普通网友的认可，他们既觉得这件事有价值，又发现翻看老报纸上的广告很有意思。[①]

Madison 是基于"蜂巢"，这个众包开发平台开发的第一款众包产品。形象地说，蜂巢就好像一台 3D 打印机，Madison 是它打印出来的第一件产品。《纽约时报》的内容资

---

① 方可成：《〈纽约时报〉怎样玩"众包"？》，http://fangkc.cn/2015/01/new-york-times-hive/，2015 - 01 - 17。

源是属于全社会所有，它的内容资源可以通过众包项目与全社会分享。"蜂巢"相当于是生产内容开放项目的母题，它的源代码已经向全社会开放，任何对于开发人人参与的众包项目感兴趣的人都可以利用这个母题组织社会共享活动。在《纽约时报》的数字化发展策略中，鼓励各种众包项目的开展，因为受众的参与，为《纽约时报》贡献了更多的数据和资源，并且能够把沉睡资源重新唤醒，资源的再度利用会为受众产生更多的信息价值和服务价值。

第六章　平台管理与受众拓展

"平台（Platform）是一种现实或虚拟空间，该空间可以导致或促成双方或多方客户之间的交易"①。"媒介平台是新兴媒体的媒介组织形态，它是指通过某一空间或场所的资源聚合和关系转换为传媒经济提供意义服务，从而实现传媒产业价值的媒介组织形态。媒介平台的运营者就是一个互联网综合服务提供商。所有用户和媒体都可以入驻平台，享受和利用媒介平台所提供的各种服务。"②

由于存在很多功能可以替代或者互相之间并不关联的平台，市场的至少某一方就会采取与多个平台发生关联的行为，也就是采取多属行为策略。平台的业务模式的特点是："（1）召集双边客户。平台的一个重要特征是，无论平台如何收费或定价，只要没有另一方的需求，则这一方的需求也会消失。召集双边客户的方法之一是：首先获取市场某一方的大量客户，免费为他们提供服务，甚至付费让他们接受服务，因为这样鼓励了受益一方参与平台的积极性。通过这样的投资方式，双边平台能够为市场培养（甚至在最初提供）

---

①　徐晋、张祥建：《平台经济学初探》，《中国工业经济》2006 年第 5 期。

②　谭天：《媒介平台：传统广电转型之道》，http：//blog. sina. com. cn/s/blog_ 4ca348770101gi7x. html，2013 - 12 - 11。

一方或双方的客户，以推动平台获得全面的成功。（2）双边客户的利益平衡。在大部分的多边市场中，平台的定价结构似乎都严重倾向于市场的某一方，这一方的边际效用远低于市场的另一方。（3）规模化和流动性。成功的多边平台企业，如微软、易趣、雅虎等，在做主要投资扩大规模之前，都花费时间测试和调整平台以增加流动性。这些企业先在小型市场中试运行，反复试验并找到值得投资的适当技术与设施。这些成功的平台企业都采取了循序渐进的市场进入策略，经过一定的时间再逐渐扩大规模"。①

观众关注媒体平台的内容质量，媒体平台的内容越精彩，越吸引观众，其可以制定更高的价格。国外一些付费频道虽然每月的订购费用较高，比如 HBO、ESPN 以及 Disney，但是，注重质量的观众仍然会订购这些频道。同时，运营商将很多吸引力一般的频道打包到基本包中，这些频道几乎是免费收看。这隐含的企业战略含义是，媒体平台如果选择致力于内容的高质量，则其将主要依赖订购费赢利，而不是广告；媒体平台的商业模式如果依赖广告费用支持，则其将战略重心放在低价甚至免费吸引观众上。② 在频道平台的竞争中，媒体内容的质量与平台广告端网络外部性是决定媒体平台商业模式的两个重要变量。这两个变量犹如跷跷板的两边，决定了媒体收入重心的变化。如果频道倾向于借助广告端网络外部性，则广告收入将是其主要的收入来源。此时，吸引更

---

① 徐晋、张祥建：《平台经济学初探》，《中国工业经济》2006 年第 5 期。
② 万兴：《媒体产业中的平台质量竞争——基于双边市场的理论视角的研究》，《经济管理》2012 年第 12 期。

多观众加入平台非常重要，因此，免费甚至补贴观众加入平台是广告费支持商业模式的主要策略。如果频道主要依赖观众的订购费，则频道必须提高内容的质量，使其内容具有不可替代性，这是付费频道常用的策略。[①]

《纽约时报》的平台策略的重点之一是，布局各大平台，全方位渗透受众的数字生活中。2001 年，《纽约时报》只布局两个平台：《纽约时报》纸质版和《纽约时报》网站。2010 年，《纽约时报》已经涉足于十大平台：纸质版、网站、iPAD、iPHONE　APP、KINDLE、TIMES　READER、BLACKBERRY APP、DROID APP、MOBILE WEB、PALMPRE APP。《纽约时报》入驻各平台的时间表的设置也是根据媒介市场的变化和受众需求的变化而设定的：2008 年，开放 iPhone 应用平台下载；2010 年，开放 iPad 应用平台下载；2014 年，开放 Google Play 应用平台下载；2015 年，开放 Apple Watch 应用平台下载。

"单一平台发行的情况下，成本缩减限于无纸化、印刷、运输等消耗的降低方面，属于'节流'，而多平台的新媒体生存策略是一种'开源'的思路，实际是另一种层面的缩减成本。多平台发行促进了纽约时报高质量内容的传播，从而有效地吸引到更多用户。"[②] 科技公司和社交媒体利用自己的技术优势，建造了拓展和深化用户关系的平台。可以说，现在平台架构的游戏规则是科技公司和社交媒体建构的。传统

---

① 万兴：《媒体产业中的平台质量竞争——基于双边市场的理论视角的研究》，《经济管理》2012 年第 12 期。

② 《〈纽约时报〉在 IP 开发道路上一路狂奔，弄出一堆 App 真能扭转颓势？》，http：//www. aiweibang. com/yuedu/72678491. html，2015 - 12 - 09。

媒体的平台架构能力目前还无法赶超科技公司和社交媒体。所以现在《纽约时报》的布局平台战略的第一步，就是把自身纳入科技公司和社交媒体的平台版图中。

但是《纽约时报》在布局社交媒体平台时，也会受到社交媒体的限制。决定内容产品产生的价值，内容生产者要让位给社交媒体等。即时文章这个产品正处于起步阶段。但是包括《华盛顿邮报》、《纽约时报》和 LittleThings.com 发现每篇文章很难从这个产品赚到像以前从自身官网上获得的收入。这是因为 Facebook 为广告出版商制订了严格的广告类型和数量。例如，Facebook 规定，每 500 个字的内容可包含一个尺寸为 320×250 像素的"大横幅"广告。在这些媒体自己的移动应用程序上，例如《华盛顿邮报》，每 500 个字的内容可以包含三到四个这样尺寸的广告。Facebook 同样限制了在即时文章平台上的广告类型。它不会允许所谓的在出版商网站上普遍出现的"富媒体"广告、动画或互动广告，出现在即时文章的平台上。出版商也不允许出售"脸谱"的活动，但必须在自己的官网或者其他平台上展示在即时文章平台上的活动。因此，出版商不能在即时文章平台中销售广告。Facebook 公司得到了出版商的反馈，现在正尝试对即时文章平台的广告策略做出改革，例如允许每篇文章出现更多的广告和允许使用以前被禁用的广告格式。乐观主义者说，如果脸谱网将内容转化为用户的订阅量比发布商网站的链接更高，即时文章的受众可能会变得如此之大，广告销售的限制不会有问题。

除了广告方面的限制外，在社交媒体上发布什么是由平台媒体说了算的。例如，Facebook 是一家私人企业，它保留了审查任何在其平台上发布帖子的权利。用户可以标示出他们认为应该被删除的内容，但是 Facebook 的内容经理会审查帖子，根据其公司标准重新评估信息并决定信息的去留，这似乎与 Facebook 一直宣传的社会分享的价值观存在矛盾。所以，决定信息发布权的往往不是内容创造者，而是内容分发者。《纽约时报》与 Facebook 合作的达成，在某种程度上是让渡了其部分的信息发布权。

2015 年 10 月，谷歌推出 AMP 计划，AMP 是一个开源项目，这项技术可以限制 HTML、CSS、JavaScript 中可能会影响网页加载速度的代码。谷歌表示，这项技术可以帮助 Nexus 5 手机在 3G 网络下提高网页加载速度 15% 到 85%。谷歌现在已经在搜索产品上使用 AMP HTML。尽管这项技术还存在一些限制，但是谷歌表示已经有 30 家发行商和科技公司参与了该项目，其中包括 BBC、《纽约时报》、BuzzFeed。[1] 谷歌推出的 AMP 计划，一旦运行成功，这就意味着受众更没有理由去浏览传统媒体信息加载缓慢的官方网页。目前，对于《纽约时报》来说，面临着数字媒体巨大的平台优势，它拥有两个选择，一是选择被纳入数字公司平台的版图，尽管要接受一些不平等条约的限制，二是自己建立平台。从目前态势来看，《纽约时报》倾向于第一个选择。但是第二个选项，它也积极在努力。笔者认为，建立付费墙就是《纽约时报》建立自己平台的努力之举。

除了《纽约时报》之外，美国报界的其他报纸也在积极

---

① 亦大成：《谷歌推出 AMP 计划，移动设备可以秒开网页》，http://36kr. com/p/5038185. html，2015 – 10 – 09。

运行多平台策略。"comScore 的最新数据显示，在 2015 年 10 月份，《华盛顿邮报》的多平台月独特访问量为六千六百九十万，首次超越《纽约时报》的六千五百八十万多平台月独特访问人数。虽然超越的持久性有待进一步观察，但前者自亚马逊主人贝索斯于去年夏天购买该报后在转型的理念和实践的努力不可小视。"①

第一节　社交媒体平台管理

一、布局社交媒体平台

社交平台管理，包括造船出海和借船出海。造船出海，指的是以《纽约时报》为核心，经营好自身的社交生态圈。借船出海，指的是借助其他成熟的社交媒体平台，将部分内容的编辑权让渡给社交媒体，借由社交媒体平台去联络受众和拓展受众，并分享广告收入和受众数据资源。这里面需要注意的难点是，处理好内容创造者和内容发布者之间的关系，围绕用户型受众做平台。

平台的建设质量在于用户型受众参与度的高低。平台应该是用户和平台创办者共同建设和共同分享利益的空间。促使用户型受众生产和共享内容的职责应该由《纽约时报》来履行。该报履行这一职责的前提是给用户型受众创造价值，增强用户型受众的社会资本，创建用户型受众之间的关系网

---

① 《密苏里孙志刚新浪微博》，http：//m. weibo. cn/1929234823/D3Wx7sODm，2015 – 12 – 09。

等。从总体上看，《纽约时报》扮演着平台布局者和组织者的角色。

　　《纽约时报》布局和管理社交平台的理念是，哪个平台的受众聚合度大，就布局和管理哪个平台。"为了更好地与用户参与文化融合，该报于 2008 年成立了自己的社交网站'Times People'，允许网站的注册用户向其他成员推荐文章，并和 Facebook 这类社交网站联合起来，希望通过社交网站搜集更多的用户信息，并通过这些信息实现其广告和集团业务的收益。此外，《纽约时报》还鼓励自己的员工以博客等各种网络形式建立自己的品牌，吸引用户关注。2012 年，《纽约时报》开始在免费信息平台 Flipboard 上架他们的内容，首次允许用户通过第三方阅读平台获得其内容，目的是实现平面媒体和移动设备的联合，满足用户在其他设备上获得阅读体验的需求。近年来，移动客户端的崛起也迫使《纽约时报》开始和 Kindle、iPad 等合作，扩展多元化渠道传播高质量的内容。"[1]《纽约时报》与 Bit. ly 合作，在 iPad 上推出新闻整合平台移动应用程序"News. me"，此移动应用程序标榜与 Twitter 无缝接轨，使用者需要拥有一台 iPad 和 Twitter 账号才能登入平台。News. me 主要的服务，是根据使用者在 Twitter 上所有的"跟随目标"名单，撷取这些"跟随目标"的集体智能与喜好，将他们所分享的文章整合成一份客制化的电子刊物。为 iPad 推出的 News. me 是订阅制的，每周 99 美分，每年 34.99 美元。它提供社会新闻服务。News. me 是

---

[1]　张小强、周晓淇：《国外报业数字化先驱媒介融合的进展与挑战——以〈纽约时报〉和〈卫报〉为例》，《科技与出版》2015 年第 8 期。

一个新闻源，采用人工智能监测人们阅读的喜好，然后为人们提供感兴趣的文章和链接。可以将感兴趣的文章保存下来稍后阅读，也可以在社交媒体和邮件中分享文章。没有 iPad 的用户也可以通过注册，从邮件里接收每日免费的所推荐的文章的概要。

"苹果公司宣布在 iOS9 的更新会搭载一款叫做 News 的新闻阅读应用，加入了科技界这场逐渐白热化的内容战争。新闻出版商可以向苹果提供 RSS 源，也可以使用苹果提供的工具，打造出包括图片、视频等在内的多媒体的阅读体验，从呈现上来看与 Facebook Instant Articles 十分类似。"[①]

值得一提的是，《纽约时报》会专门为平台生产特定内容产品，例如《纽约时报》为苹果手表专门设计的"手表新闻"以及为移动设备生产的各种类型的移动应用程序等。

对于《纽约时报》而言，建立和管理与其他社交媒体平台的关系，变得越来越重要。社交媒体关系管理，成为了《纽约时报》的一个新的工作岗位。担任这个岗位的人，主要负责管理《纽约时报》与所有社交媒体之间的关系建构和资源共享。这项工作，可以使社交媒体用户在使用《纽约时报》社交媒体账号时，进入《纽约时报》官方网站，也可以将内容产品中适合社交媒体平台的部分重新包装，重新分发到社交媒体平台上。内容产品产生的收益，《纽约时报》和社交媒体平台可以进行利润分成。除了《纽约时报》设置了专门的工作岗位以负责管理与其他社交媒体平台的关系外，

---

① 陈群：《尽管苹果招 News 编辑 但决定读什么的还是算法》，http：// tech. qianlong. com/33443/2015/06/17/71@10371550. htm，2015 – 06 – 17。

其他美国传统媒体也非常重视这项工作。

二、打理好社交媒体账户

《纽约时报》积极布局社交媒体平台，希望通过打理好社交媒体账户，拓展社交媒体平台上的受众群。在 2009 年，《纽约时报》任命了首位"社交媒体编辑"，着手负责《纽约时报》在 Twitter、Facebook 两大社交媒体上的传播。2010 年还提出记者必须学会如何通过社交网络建立与读者的联系。[①]《纽约时报》在 Instagram 上有九个官方账号，涉及时尚、美食、旅游、《纽约时报》时尚杂志、电影、运动、读者互动、《纽约时报》活动、《纽约时报》总账号等领域。《纽约时报》希望透过 Instagram 传达给读者的理念是：每一幅照片，都可以是一则新闻、一个值得聆听的故事。Instagram 目前有超过 3 亿的全球用户，用户特色多为年轻、家境好，且高度热衷于使用 Instagram。为什么《纽约时报》要开始锁定这群平均年纪轻、家境优渥，且花上长时间待在 Instagram 平台上的用户呢？因为这些年轻使用者，都是深具潜力的《纽约时报》未来读者群。透过提早和这些年轻族群互动，建立他们对《纽约时报》的信任甚至忠诚，当这些年轻人长大，对于即时新闻脉动有需求时，他们将有很大的机会成为《纽约时报》的忠实读者，并且愿意付费订阅。这也是《纽约时报》在 Instagram 策略性布局的重要考量之一。

哈佛尼曼新闻实验室网站在 2015 年年初刊登了一篇文

---

① 张小强、周晓淇：《国外报业数字化先驱媒介融合的进展与挑战——以〈纽约时报〉和〈卫报〉为例》，《科技与出版》2015 年第 8 期。

章，介绍《纽约时报》在 2014 年使用 Twitter 来推广新闻报道的技巧。这些技巧包括：好的标题可以重复使用，将照片贡献者的名字直接以浮水印方式印在照片上，分享影片截图搭配好的文字说明，适时在 Twitter 内文中分享报道故事细节，推荐其他相关的《纽约时报》社交媒体账号等。这些推广新闻报道的技巧实际是吸引受众目光、在社交媒体平台上拓展受众的方法。

很长时间以来，《纽约时报》社交媒体部隶属于一个大的互动新闻部门。现在社交媒体编辑们加入到了新部门——用户开发部，更多地跟数据分析部门合作。有一个专职的社交媒体编辑团队和一个主管经理。

"传统内容生产者的策略是：第一，不放弃旧有渠道，或改造自身渠道，或建设新渠道，作为流量存放池。第二，根据外部新流量平台属性，生产适配内容，有策略的将平台上的流量导入自身的那个流量存放池。第三，不依赖于某个流量平台，与多个流量平台合作，实现全媒介形式的内容生产。即便传统媒体依旧拥有强大的内容生产能力，但是，内容无法在自身的旧渠道中实现价值的最大化，也无法很好借助外部的力量来进行价值重建，使得外部的新流量进不来，自身的流量也出不去"。①

传统媒体在进行内容生产时应具备平台意识，原有内容生产必须导入平台运行的系统中。传统媒体，尤其是纸媒，创设自身的平台需要付出很大成本，且能否见效不可预知。

---

① 马丁：《纽约时报投入 Facebook 怀抱是新闻业的划时代之举？你可真是想多了》，http://www.huxiu.com/article/114300/1.html，2015 – 05 – 13。

目前，传统媒体主要选择利用现成的社交媒体，作为内容运营衔接的合作平台，甚至是将部分内容发布和编辑的权力让渡给了社交媒体。社交媒体发展到一定阶段，会面临拓展用户的难题。社交媒体选择和传统媒体合作，利用其内容生产在专业性和权威性方面积累的口碑，改善用户体验。传统媒体的受众拓展和社交媒体的受众拓展是可以一体完成，达到双赢的。

《纽约时报》尝试了多种方法在社交媒体上找到目标订户。一种最简单的方法是，一旦读者通过社交媒体的链接点进了《纽约时报》的网站，网站便会向读者推荐另一些他们会感兴趣的文章，吸引他们继续阅读下去。一般来说，在网站上停留时间越长，付费订阅的可能性也就越大。而且，《纽约时报》设置了每个月的免费文章阅读限额，一旦读过多篇，便很容易达到这一限额，被引导向订阅页面。另一种方法是借助大数据的力量寻找订阅者。目前，《纽约时报》正跟一家叫做 KeyWee 的公司合作（时报本身也是这家公司的投资者之一），从社交媒体上发现和吸引目标读者。这家公司的核心理念是——与其花钱向所有用户推送订阅广告，更经济、有效的方法是在成千上亿的社交媒体用户中找到那些真正对《纽约时报》内容感兴趣、可能愿意掏钱订阅的那几百万人。借助于社交媒体上海量的用户数据和越来越成熟的分析方法，KeyWee 已经可以很好地帮助《纽约时报》定位到这些人。具体做法是：每个月，《纽约时报》会给 KeyWee 发去 50 到 100 篇文章，KeyWee 对这些文章进行自然语言分析，提取出其中的主题、关键词。然后，《纽约时报》从 Facebook 等社交媒体购买这些关键词，使得报纸的相关内容会出现在对这些关键词感兴趣的用户的主页信息流中。让这些内容抵达了合适的读者，就大大增加了转化为订阅量的可能性。根据《纽约时报》的说法，这项服务比其他各种推广手段都有效。通过这项服务，每花出去 1 美元，就能赚回 1.5 美元的订阅收入。而且，这种手段吸引过来的人，有一半都是头一次访问《纽约时报》网站的人。也就是说，这项服务成功地在人群中吸引了会对《纽约时报》感兴趣的新读者。[①] 总体上看，《纽约时报》与社交媒体的合作是一把双刃剑。一方面，传统的《纽约时报》分发信息和联结受众的弱渠道在嫁接社交媒体后等到了增强，吸引了社交媒体平台上的用户；另一方面，《纽约时报》会降格为社交媒体的内容供应商，受到社交媒体的限制，对社交媒体的依赖性增强，如果社交媒体与传统媒体合作的策略改变，就会影响到《纽约时报》的受众拓展和盈利能力。

第二节　构建关系化传播

从社会归属需求向社会资本需求的升级，体现了"关系"作为一种社会资源的存在，在社交平台的传播中正发挥着重要的作用。目前，"关系"即资源，这一论断在学界和业界都已达成共识。从理论层面上看，斯坦利·米尔格拉姆（Stanley Milgram）的"六度分隔"理论、马克·格拉诺维特

---

① 方可成：《大数据帮助纸媒在社交媒体上找到目标订户》，http：//fangkc.cn/2015/07/content-marketing/，2015-07-11。

（Mark Granovetter）的"弱关系力量"、罗纳德·博特（Ronald Burt）的"结构洞"理论、邓肯·瓦茨（Duncan Watts）的"网络动力学"理论、林南的"社会资源论"等，已从经济社会的不同视角向我们阐明了"关系"这种社会资源的普遍存在与价值。因此，就目前而言，再去怀疑"关系"是否能作为一种资源的存在已经没有意义了，相反，研究关系资源的本土化以及如何开发和利用关系资源，成为了传媒业影响力发挥和市场空间拓展最为重要的发展逻辑。①

在当前媒介融合进程中，传媒产业的最重要发展逻辑，是从"产品为王"向"关系为王"的转换，"关系"优势决定着传媒竞争优势。"嵌入性"可成为分析传媒产业与社会关系的基本概念。越是嵌入公众生活世界，并成为公众个人关系网的强联结点，传媒的嵌入度就越高，就越是"积极的关系"；越是嵌入当下社会结构并在社会关系网中占有较好的联结位置，可生成新的社会关系并成为关系的节点，传媒竞争优势就越明显。关系嵌入对于传媒产业发展具有重要现实意义。具体来说，在运营实践层面，关系嵌入对当前传媒产业有三点启示：第一，在当下传媒竞争格局中，单一的关系类型难以赢得竞争优势，传媒应当进行多重性关系的编织与建构。关系类型的延展性编织是传媒获得多样化"关系群"和"持续性的社会关系"优势的必由路径。第二，"关系"的实践意义在于可形成独特的发展模式，按照"关系"进行产业定位并设计最佳"关系模式"，将成为传媒产业聚合发

---

① 谭天、苏一洲：《论社交媒体的关系转换》，http://blog.sina.com.cn/s/blog_ 4ca348770101gh93.html，2013-12-10。

展的战略选择。第三，传媒产业对社会关系的嵌入应符合"适度嵌入"原则，防止嵌入的负面效应。传媒的关系嵌入不可避免受制于所在关系圈的社会因素，而过度的嵌入又不利于传媒对组织外部信息和资源的获取，也妨碍新嵌入关系的形成，导致关系僵化。[①] 从传媒产业的发展规律来看，《纽约时报》应与受众建立关系化传播，与受众共同成长，共同创造新的价值。这种关系化传播是建立在受众与该报共享传播过程、参与传播环节的基础上的。2015 年，在哥伦比亚大学举行的计算机新闻学研讨会上，《纽约时报》的社区编辑Bassey Etim 在小组讨论中提到，新闻机构必须把对待受众评论的重视程度提高到和重视新闻报道一样的水平，必须把评论视为像内容一样重要。Bassey Etim 与现场人士分享了《纽约时报》对于评论的态度和该报对受众进行的"你为什么要进行评论"的调查结果。调查结果显示，只有百分之五的评论者认为其做评论的动机是为了和他人交流，大部分人会选择对编辑着重强调的新闻报道做评论。

《纽约时报》会因为哪些因素为某篇新闻报道设置受众评论？Bassey Etim 认为，是否具备新闻价值，新闻报道是否是读者感兴趣的，《纽约时报》最近是否就这个问题发表过评论，《纽约时报》是否可以适度及时的评论等指标是决定新闻报道设置受众评论的标准。从这个判断标准看，设置受众评论的标准是以是否吸引受众为出发点的。《纽约时报》在报道最近的加州枪击案时把受众评论摆在了网页最显著的

---

① 麦尚文：《"关系"编织与传媒聚合发展——社会嵌入视野中的传媒产业本质诠释》，《国际新闻界》2010 年第 1 期。

位置。在提问"你对（接连不断发生的）枪击案感到担心吗？"这个问题时，编辑人员挑选了一段受众评论，然后鼓励受众回答问题。如何管理受众评论，如何扮演论坛的发起人、组织者和与受众会话的穿针引线者，媒体需要有正确的态度和理念。

在 2014 年，不少媒体和技术网站取消了用户网上评论，包括《赫芬顿邮报》和 The Week，主要理由是，第一，人们更愿意在社交平台上发表评论或留言，第二，在媒体网站上评论的多半是年长的用户。同时，Gawker、《纽约时报》等媒体坚持自己管理用户网上评论，并把它们作为内容生产的一部分。[①]

许多媒体将网页上的新闻评论工作外包给了社交媒体，然而，《纽约时报》采取相反的做法。除了验证的评论之外，版主批准后，评论才能出现。这些评论可以用几种方式进行排序，其中包括提供了一系列智能化的、经过编辑选择的评论。编辑的选择类似于社交媒体用户创建他们自己的信息流。问题是，不是每个人都有版主或资源聘请这样一个团队。《纽约时报》认为，当网站选择将用户评论外包给社交媒体而不是创新评论功能时，实际上也把避免评论出现诽谤、骚扰等责任转嫁给了社交媒体。

《纽约时报》之所以重视经营和管理受众评论，是因为把评论看作是媒体与受众建立和深化关系的一条重要途径。《纽约时报》通过受众评论管理工作，把受众深度吸引到内

---

① 《密苏里孙志刚新浪微博》，http：//weibo. com/u/1929234823？from＝myfollow_ group#_ rnd1421761743617，2015－01－20。

容生产和数字社区的运营过程中，延伸了产品链条和关系链条。通过让受众在新闻报道网页的评论专区表明态度，分门别类地为受众提供符合其意愿和兴趣的评论，有利于受众深度参与到内容再生产和再组织的过程中，将评论的议程设置的主动权分享给受众，让受众建立类似于社交媒体中的评论关系网。

如何科学管理网站上的评论系统？"《纽约时报》正在做这样的事，目的是对读者的杂乱的评论做一个清晰的分类，提升用户阅读体验。这样的评论设置能让用户释放更多的想法，以及更愿意去看别人的观点。而简明的评论分类则为用户节约了宝贵时间。同时他相信，好的引导还能产生社会正能量。"①

《纽约时报》加强与受众的关系化传播，还体现在不定期地组织受众小组调查活动。二十年来，《纽约时报》有一个读者洞察小组，这是它受众群的一个子集，利用调查更好地了解受众的阅读习惯、生活方式和兴趣等。如果成为这个受众子集的一员，受众会偶尔被询问是否阅读过《纽约时报》特定内容，是否对最新的《纽约时报》产品感兴趣等诸如此类的问题。现在，《纽约时报》运用读者洞察小组的调查活动来进行新闻工作。受众在收到《纽约时报》要求开展调查活动的邮件后，发现邮件里写到，2015年，读者洞察小组的调查结果将第一次发表在《纽约时报》星期天杂志上。《纽约时报》称，有些问题非常私人化，在这些情况下，我

---

① 朱飞：《〈纽约时报〉的新闻评论尝试：按情绪分门别类》，http://tech. sina. com. cn/i/csj/2013 – 03 – 19/16138160799. shtml，2013 – 03 – 19。

们提供了一个"不喜欢回答"的选项。如果在调查过程中，你觉得问题太私人了，请随时停止，并完全关闭。如同历次的《纽约时报》读者洞察小组调查一样，所有的答案都是严格保密的。答案仅以聚合的方式刊登在杂志中。调查的问题五花八门，诸如"谁是美国有史以来最好的总统？"，"你有没有一个其他政党的亲密朋友吗？"，"你有没有曾经和你的邻居共进晚餐？"，"假设在一个聚会上，人们谈论某一本除你之外大家都看过的书，你会承认你没有看过此书或者假装看过？"，"你是否相信上帝？"等。

此外，美国报业，包括《纽约时报》，会设置"公共编辑"这个职位，从行业自律的角度，加强与受众的关系化传播，保证新闻的真实、准确与公正，并时刻吸纳受众提出的意见和反馈。2003 年，《纽约时报》设立了"公共编辑"这个工作岗位，其岗位职责是加强受众与报纸的沟通，让受众了解该报的内容生产流程和经营管理的概况，同时在该报出现重大缺失或者新闻报道错误的时候，该公共编辑会在该报上进行解释和说明。为了很好地履行岗位职责，公共编辑会在平日里加强对该报的监督和批评。公共编辑在日常工作中担负着双重工作任务。一方面，公共编辑负责和普通编辑一样的工作，例如委派记者根据选题计划进行采访、核实记者撰稿后的数据材料、及时与记者进行沟通等。另一方面，公共编辑负责一项额外的工作，即监督同行编辑或者记者的工作表现，例如是否出现新闻失实、是否出现不妥的言论、是否出现违背新闻职业伦理的行为等等。目前，Margaret Sullivan 是《纽约时报》的公共编辑，她已经在这个职位上做了近四年了，2015 年，Margaret Sullivan 曾表示在 2016 年主动离职。

一、与年轻受众建立关系化传播

从统计结果上看，美国人口中青年人口的数量、规模以及受教育程度，决定了青年人群是未来传媒消费的主力军。"2010 年，美国 15～34 岁青年人口为 8469 万人。从 2000 年到 2010 年，美国青年人口增加了 561 万，美国 10 年增长的青年人口接近丹麦的总人口数（2010 年），年均增长率为0.69%。美国社会呈现出稳定的人口结构，各个年龄段人口占总人口的比重比较均衡。从 2000 年、2010 年和 2020 年美国青年预测数据来看，其人口结构经历数十年发展仍然保持基本的形态，可见美国青年趋于稳定发展状态。2010 年，美国 25～34 岁人口中接受过本科及以上教育人口的比例为61.30%。2010 年，美国青年拥有研究生及以上受教育程度的比例为 8.90%"。[①]

2015 年，由美国新闻学会（American Press Institute）和美联社全国民意调查中心公共事务研究中心（Associated Press-NORC Center for Public Affairs Research）根据新闻消费习惯将"千禧一代"（指出生于 1984 年至 1998 年的一代人，他们几乎与电脑同时诞生，在互联网的陪伴下长大）分为四大类别，发布了一份深度分析报告。对于争夺年轻受众的出版商和内容提供商来说，这份报告可谓是了解年轻新闻受众的绝佳窗口。

---

① 祁静、张银锋：《新世纪之初中国和美国青年人口的发展趋势》，《青年探索》2015 年第 6 期。

在这份最新报告中①，研究人员根据新闻和信息的消费行为，将"千禧一代"人分为以下四种类型：

分立者（The Unattached）——这种类型的消费者年龄在18至24岁，占"千禧一代"总人数的34%。他们大多未成家立业。找工作较难，收入少于其他同龄的"千禧一代"人，男女比例基本相同。

探索者（The Explorer）——这一类泛指"千禧一代"中积极寻找新闻与讯息的18至24岁人群。占"千禧一代"总人数的16%。他们的人口数量要小于分立者，没有成家立业，男性数量多于女性，就业率较高，收入也高于分立者，多数探索者仍处于受教育阶段。

偏移者（The Distracted）——这类人指"千禧一代"中年龄较大的25至34岁人群，占"千禧一代"人总数的27%。他们已经开始构建家庭，并且是中产阶级的一部分，收入较高，大部分拥有大学教育背景或学历。

活跃者（The Activist）——这是"千禧一代"人25岁到34岁年龄段中的另一类人群，占"千禧一代"总人数的23%。这些人大多已经成家立业，就业率位居四类榜首，大约一半人都有大学学历，收入也比前三类更高。

研究结果显示，大部分分立者新闻消费动力不足，他们多数都是偶遇新闻，而非主动搜寻新闻，大部分分立者不会追踪时下热点，而是更可能去了解与兴趣和娱乐有关的新闻；

---

① 腾讯传媒：《美国新闻学会（API）权威报告：90后"四大分类"出炉，新闻消费表现迥异》，http：//www. aiweibang. com/yuedu/53720008. html，2015－09－29。

探索者愿意跟进新闻事件，倾向实用类信息；偏移者步入中产，忙于生计，倾向于关注那些能够节约时间、提升生活的信息，而不太会出于社会或个人目的去关注新闻；活跃者关心时政、关心社会，会因为各种个人原因而阅读和消费新闻。

这份报告表示，单一对策或单一内容已经不再适用于口味多变的不同读者群。比如，要赢得分立者，新闻媒体机构面临的关键挑战，是增加他们"偶遇"新闻的次数，然后通过 Facebook 吸引这些自身阅读欲并不强的受众，从而筛选出他们愿意阅读的内容。针对探索者，应该把重点放在利用他们的兴趣点来吸引他们，提供他们愿意拿来闲聊和与朋友分享的新闻。新闻的社交机制对这类人群更重要。新闻人只有理解了偏移者们的个人经历和他们关心的事，才能制造出打动这些人的新闻。

二、传播日常生活化

《纽约时报》建构与深化受众关系，在于把这种关系建构镶嵌在日常生活中，使得该媒体集团生产的产品成为受众的生活必需品。

首先，根据美国公众电子阅读行为的特点，《纽约时报》可以选择特定的移动终端，与受众建立和深化关系。"普林斯顿调查研究协会负责的国际皮尤研究中心的'互联网与美国生活项目'的研究结果表明，美国女性、50 岁以下、高学历及高收入群体是电子阅读的主力。美国读者更多地选择在平板电脑和电子阅读器等设备上进行电子阅读，在这些阅读渠道上的阅读强度也一直明显高于手机、计算机。"① 这充分说明，移动优先的传播环境下，受众依然有阅读的需要，只不过阅读的时空和平台发生了变化，《纽约时报》应该继续开发适应移动阅读的产品。

其次，在日常生活中，《纽约时报》选择与特定的企业合作，将《纽约时报》的各种产品与该企业的产品捆绑销售。星巴克日前宣布同《纽约时报》（The New York Times）联手推出文章免费阅读服务，且该服务仅仅针对拥有星享卡的会员推出。事实上，在此之前星巴克会员就可以通过设备上的星巴克应用阅读来自《纽约时报》的15篇免费文章。不过，在此次的合作协议达成后，星巴克会员将可以自2016年起免费阅读包括今日头条、每日简报、每周简报以及许多有关当下政治、经济和社会问题的最新文章。星巴克此前针对会员推出的"星巴克奖励"计划允许用户通过在合作伙伴处购买产品或服务换取奖励积分，然后他们便可以用这一积分在星巴克兑换饮料和食品。因此，星巴克有可能在未来推出订阅《纽约时报》付费内容换取奖励积分的活动。

第三节 付费墙与受众拓展

世界报纸和新闻出版商协会（WAN-IFRA）网站2015年6月1日刊登文章《世界报业趋势：报纸收入转向新来源》

---

① 孙闻、巢乃鹏：《移动互联时代美国公众电子阅读行为研究——基于美国皮尤研究中心的调查问卷统计》，《出版发行研究》2015年第3期。

（World Press Trends：Newspaper Revenues Shift To New Sources）。文章认为，全球报纸发行收入在本世纪首次超过报纸广告收入。WAN-IFRA 秘书长拉里·基尔曼说，"报纸商业模式从以商对商（出版商对广告商）为重点不断转向以商对消费者（出版商对读者）为重点，这是一个重大转变。在成熟市场，报纸正在采用从较少的订户手中赚更多钱的策略，这包括提高标价、通过减少印刷次数降低成本。但是这些举措的风险是，疏远一些细分市场的读者来换取收入的增长。根据普华永道会计师事务所的数据，2014 年付费数字发行量增长 56%，过去 5 年来增长超过 1420%"。① 《纽约时报》建立付费订阅制度是有支撑条件的。美国社会的知识产权保护体系比较完善，受众习惯为自己的信息消费服务付费。社会信用制度的健全也保证了受众在互联网或者手机上用信用卡购买的安全性。另外，《纽约时报》在生产内容产品、关系产品和服务产品时付出了大量的成本，这些成本必须在付费订阅制度中能够得到弥补。最重要的一点是，《纽约时报》高质量的内容产品能够保证付费订阅者得到质优价廉的信息、独一无二的信息、公信力和权威性强的信息以及可以在不同的媒介平台上适合不同场景的信息产品、服务产品和关系产品。

付费墙，实际上是《纽约时报》的一种数字订阅付费模式。实施付费墙的目的是：与《纽约时报》核心用户建立深度连结，扩大核心付费订阅用户数量，增加付费订阅的收入。

---

① 张宸：《全球报纸发行收入首超广告收入——〈世界报业趋势〉揭示最新发展数据》，《中国报业》2015 年第 13 期。

2015 年 10 月 7 日，《纽约时报》宣布：数字营收要在 2020 年达到翻番标准——8 亿美元。要想达到这个目标，数字广告收入和数字订阅收入就要保持高的增长速度。2015 年 8 月，《纽约时报》数字订阅用户突破了 100 万，《纽约时报》12% 的读者贡献了其数字收入的 90%。这充分说明，8 亿美元数字营收目标的实现，要靠把更多的核心受众转化为付费订阅用户。

核心受众转化为付费订阅用户的重要性的显现上，《纽约时报》经历了一个起伏的过程。在 20 世纪 90 年代报业最辉煌的时候，《纽约时报》每日发行量大约 150 万份，今天纸本的日发行量则是 62.5 万（订户加上零售），若再加上纯数位的 100 万，则总数略多于 160 万。换言之，跟当年巅峰时期的表现是差不多的。《纽约时报》网站在 Alexa 排名高居全美第 32 名，每个月在美国有 6000 万不重复访客，但却只有 100 万是付费的，比例还不到 2%。《纽约时报》依赖其他 5900 万使用者对广告的注意力赚取收入，另外还有 115 万左右的纸本订户也是为《纽约时报》带来广告收入。支撑报业活下去的商业模式，乃是建立在相对少数、每个月付费阅读的读者。核心的忠诚读者才是报业新业务的基础。纸本订户加上纯数位订户所带来的收入占《纽约时报》营业收入的 55%，广告占 39%，这表示，尽管来自广告的收入持续下跌，但对于报社的伤害却逐渐地降低，因为经过了多年的努力，《纽约时报》再也不像过去那样几乎仅倚赖广告维生。①

① Hank：《10 组数字看〈纽约时报〉达成百万纯数位付费订户背后的意涵》，https：//www.inside.com.tw/2015/08/07/10-numbers-about-the-new-york-times-hitting-the-1-million-digital-only-subscribers-milestone，2015－08－07。

　　《纽约时报》通过数字付费订阅制度的建立，不仅获得了数字订阅的收入，而且凭借这项制度收集了大量的用户数据，包括用户订阅的时间偏好、内容偏好、阅读载体偏好、与该报互动的方式、付费方式的偏好等等，这些收据都可以收集起来，反馈给内容生产部门，方便其根据付费订阅用户的特点生产与受众密切相关的内容，同时也可以反馈给发行部门，使其在改革付费墙的定价制度和推广制度的时候能够抓牢受众的消费心理。目前，数字订阅量在不断上涨，但是它上涨到一定的程度的时候，会进入一个瓶颈期，因为数字付费订阅用户的人群类型已经固定，很难继续突破，到那时，付费订阅收入增长会面临困难。

　　《纽约时报》如何将单纯依赖广告收入的做法逐步转向依靠用户收费来增加营收的做法，如何使纯数字订阅量的增长与纯数字订阅收入呈现正比例的关系？有两个解决策略。"第一，《纽约时报》提高报纸的订费，并大力促销付费电子版。目前《纽约时报》付费墙有三种收费方式：1. 电脑加手机阅读，每周价格为3.75美元；2. 电脑加平板电脑阅读，每周收费5美元；3. 如果需要"全电子阅读"（即电脑、手机及平板电脑均可读该报），每周收费是以上两种收费的总和，即8.75美元。《纽约时报》的付费墙策略从三年前开始设立，当时业内很少有人看好它。'没有人会付费上网看新闻'是当时的共识。但是三年后的今天，《纽约时报》的付费电子版用户已达80至100万。仅在2013年，该报付费电子版用户增长19%"。[①] 第

----

　　① 钟布：《数据科学给〈纽约时报〉输入活力》，http：//tech. qq. com/a/20140915/013626. htm，2014 – 09 – 15。

二，增加国际付费订阅用户的数量，使国际付费用户订阅收入增加。《纽约时报》可以利用强大的国际新闻生产能力，生产更多符合目标国市场受众的信息产品和服务产品，并根据目标国市场的消费水平来制定合理的订阅价格。

一、付费墙历次政策调整

付费墙，是报纸采取的一种针对数字内容的付费订阅制度。它的开创，被视为传统媒体不再为数字媒体提供免费的"信息午餐"的开端。

建立付费墙可以帮助媒体获得用户的更多数据，从而益于开拓新产品和桥接广告主。更重要的是，它帮助媒体重建自信心，有助于继续探索和试验。但付费墙最需要媒体在内容质量上付出更多的努力。《纽约时报》一直在探索哪些内容产品应该收费，付费订阅的价格如何收费等这些关系到受众利益的核心问题。从最初允许非用户每月免费阅读20条内容到今天的10条，从最初收费内容包括视频到今天视频完全免费，从最初只注重内容到现在启动包括数字化新闻杂志和有关餐饮新闻在内的"Need to Know"新项目，体现出他们对"试验，再试验"的用心。《纽约时报》在2014年继续向付费墙2.0推进，将推出美食、聚合新闻、评论等数字（收费）产品。目前其56%的收入来自订阅而非广告，关键点在于通过数字化建立用户数据库，这是创新赢利模式的基础。目前该报90%的纸版读者已经转入数字资料库。[①]

---

① 王晓妍：《欧美报业"付费墙"探索》，http：//www.cbbr.com.cn/web/c_00000006/d_34416.htm，2013-12-06。

　　《纽约时报》1996 年 1 月成立网站，最初实行国内用户免费、国外用户付费的策略，但不久就放开门户，全部免费。2002 年初，《纽约时报》在 New Stand 网站中推出电子报，和印刷版的报纸收费一样，纽约市售价 75 美分，其他地区售价 1 美元。半年电子发行量只有 1090 份。2005 年，网站推出名为 "Times Select" 的收费服务，对优质内容，如报刊的社论及专栏作家的作品、历史档案等，以包月 7.95 美元或者包年 49.95 美元的方式收费，普通新闻仍然免费。2007 年 8 月，网站全面免费，并提供自 1987 年后所有印刷版内容。2011 年 3 月 28 日，《纽约时报》网站重新开始收费，新收费制度称为 "付费墙"（paywalls）。每四周，付费墙收费方案分为三种情况：第一，付费阅读。15 美元：可进入网站，并可下载报纸的智能手机应用软件。20 美元：可进入网站，并可下载报纸的平板电脑应用软件。35 美元：可进入网站，并可下载报纸的智能手机和平板电脑应用软件。第二，无限阅读。通过 twitter、facebook 等社交网站进入报纸网站，可以无限阅读。第三，限量阅读。通过 "谷歌" 搜索引擎阅读报纸文章，每天限量 5 篇。通过报纸网站阅读文章，每月限量 20 篇。[①]

　　《纽约时报》副总裁金森·威尔森上任前，时报已经取得了 "付费墙 1.0 版" 的巨大胜利：付费电子版让读者每月缴纳 15 美元得以阅读新闻；如果不交费，每月只能阅读时报的十篇文章。这项政策至今已为时报带来了超过 100 万电子版付费读者，超过报纸订阅者的数量（后者自从 1995 年以来

---

　　① 孙发友、董朝：《〈纽约时报〉在线收费模式》，《新闻前哨》2012 年第 5 期。

就没有增长过）。2015 年，付费电子版为时报带来了 2 亿美元的收入。"五年内，时报电子版的收入将超过报纸带来的收入，"时报 CEO 马克·汤普森（Mark Thompson）称。这个收入确实令人欣喜。毕竟，《纽约时报》以高薪养着 1200 人的采编队伍。据 Ken Doctor 估计，《纽约时报》平均每位全职采编人员所需成本是每年 15 万美元，另外还有高额出差采访费用。可以说，《纽约时报》的"付费墙 1.0"是全世界综合新闻机构中，通过数字化、直接从读者那里获取收入最成功的案例。不过，《纽约时报》的"付费墙 2.0"却遭遇了滑铁卢。2014 年 4 月，为吸引年轻人，《纽约时报》推出每月付费少于 10 美元的"NYT Now"，并没有受到广泛欢迎。时报懂得及时转舵。为了更好地争取大规模的年轻读者，2015 年初，《纽约时报》参与了 Facebook 的"即时新闻"项目。共有九家媒体参加该项目，《纽约时报》无疑最受人瞩目。读者无需访问时报官网，而直接在 Facebook APP 上阅读时报新闻。①

　　2014 年 4 月，《纽约时报》推出深度报道付费订阅产品 Times Premier，每月收费 45 美元。"服务内容包括：a. Times Insider 栏目内容阅读。该栏目仅面向 Times Premier 用户。里面会提供《纽约时报》深度报道背后的故事。把一些没有写进公开报道的内容在这里呈现出来。b. Times Talk 视频访谈。《纽约时报》记者采访各类名人的视频集。c. 每月两本免费电子书。书籍的内容是根据相应主题，搜集并整理《纽约时

---

① 孙莹：《专访〈纽约时报〉数字化负责人："数字化让我们的新闻更有影响力"》，http：//news. ifeng. com/a/20150825/44509268_ 0. shtml，2015 – 08 – 25。

报》报道过关于该主题的内容，制成电子书供阅读。d. 每月四款填字游戏。提供特别设计的《纽约时报》填字游戏。游戏由填字游戏主编 Will Shortz 专门设计 e. 付费获得的阅读权限可以与两位家庭成员共享"。①

二、付费墙与移动传播的受众

《纽约时报》副总裁金森·威尔森（Kinsey Wilson）在接受凤凰网书面采访时称，"由于目前我们的流量主要来自手机端，我们非常重视提升这个平台的使用体验，因此我们一直致力于使我们的使用体验和设计更好地为手机用户服务。我们砸钱在手机端上推出了新工具，我们不再对整个读者群提供同一份新闻报道，我们花更多心思思考如何更直接地为每一个手机使用者服务。"② 当然，如果某项移动应用程序没有足够的订阅用户，《纽约时报》也会选择将它关闭。2014 年，在《纽约时报》推出 NYT Opinion APP 四个月后，由于没有足够多的受众订阅这项每月收费 6 美元的业务，该报关闭了这个手机应用程序。

移动端和社交媒体平台用户将成为《纽约时报》下一步重点发展的对象。在移动传播领域设置付费墙，《纽约时报》将面临几个难题。难题之一，智能手机和平板电脑中已经存在了与目前《纽约时报》移动应用程序相类似的软件，《纽约时报》凭借哪些独特的优势能够胜出？难题之二，年轻受

---

① 王鑫：《〈纽约时报〉：优秀的媒体，失败的生意》，http：//tech. qq. com/a/20140801/008714. htm，2014 – 08 – 01。

② 孙莹：《专访〈纽约时报〉数字化负责人："数字化让我们的新闻更有影响力"》，http：//news. ifeng. com/a/20150825/44509268_ 0. shtml，2015 – 08 – 25。

众群体已经习惯通过移动设备中的社交媒体平台浏览信息和建立社群关系，《纽约时报》移动应用程序如何从这些渠道分流出自己的核心用户群？难题之三，付费价格如何确定？付费的流程是否简便快捷？难题之四，已经付费订阅了纸质版本和网络版本的受众群体，他们在移动设备上能够享受哪些增值服务？起初，NYT Now 在推出时，定价是每月 7.99 美元。为进一步在移动设备上吸纳用户，《纽约时报》发布最新版移动应用 NYT Now 2.0。这一次，《纽约时报》移动版做了两个很重大的改变：其一，取消"付费墙"，放弃其从2011 年提出开始坚持至今的内容付费模式；其二，变身"新闻聚合器"，新版 NYT Now 上将不仅仅显示《纽约时报》自家内容，该应用还会推送其他媒体的内容。用户也能看到来自 Vanity Fair、Quartz、BuzzFeed、Slate 等各家媒体的精选内容。以前非注册付费用户一天最多只能在 NYT Now 上看 10篇内容，而在 NYT Now 2.0 上，无需注册、不用付费，只要内容有更新，所有用户就都能看到。据《纽约时报》数字产品营销负责人 Linda Zebian 介绍，NYT Now 2.0 在 24 小时内通常会更新 20—30 条内容。[①] 难题之五，垂直类移动传播产品如何摆脱被关闭的结局？2016 年 8 月 19 日，《纽约时报》正式宣布关闭 NYT Now。年轻受众群体使用社交媒体的习惯已经固化，再加上此 APP 与《纽约时报》移动客户端以及该报社交媒体账号的用户群体没有区分度，使得 NYT Now 陷入窘境，无法继续赢得用户。

[①] 高晨：《〈纽约时报〉的妥协？去掉付费墙，做内容聚合》，http：//www. ifanr. com/520220，2015 – 05 – 12。

第七章　多元化服务与受众拓展

第一节　《纽约时报》要成为受众的
服务提供商

《纽约时报》除了给受众提供内容产品和关系产品外，还要给其提供服务产品。"从营销管理学的角度看，服务是一方能够向另一方提供的、基本上无形的任何活动或作业，结果不会导致任何所有权的发生。服务具有四个突出特点：无形性、不可分离性、可变性和易逝性。"① 服务是延伸和维系内容产品和关系产品的保障，是激发内容产品和关系产品价值的驱动力，是《纽约时报》与受众建立联结的手段和媒介。通过服务，让受众感受到《纽约时报》的价值，感受到《纽约时报》与自身的生活息息相关，让受众从联结中获益。

在受众共享信息传播权力的数字化信息时代，《纽约时报》的服务营销工作面临着新的进取要求。《纽约时报》深知"服务"这种无形活动是在另一个层面上构建和加深与受众关系的保障。在《纽约时报》为受众提供广告服务、数据

---

① ［美］菲利普·科特勒、凯文·莱恩·凯勒：《营销管理》，王永贵等译，中国人民大学出版社2012年版，第385－387。

库服务、商业服务、社区服务的过程中，受众在其中扮演着积极的角色，他们不仅是享受和消费某项服务，他们的参与和反馈会对其他受众的服务体验以及《纽约时报》服务体系的完善产生重要的作用。服务也是一种产品，但是这种产品需要服务提供方和服务消费方共同完成，双方都在其中得到益处，彼此的关系也得到进一步深化。服务提供方的积极态度与作为，服务消费方的积极反馈与建议，都将有利于服务质量的提高和受众忠诚度的提升。

因此，《纽约时报》对于构建以受众为中心的服务体系有自己的执行标准。第一，有服务体系建构的核心理念，即了解目标受众对于服务的需求并依此建立服务策略。第二，高层管理者必须对服务体系的建构了解并且加大投入力度。第三，针对服务体系的建构质量制定严格的标准。第四，定期对自身服务绩效、受众满意度和忠诚度、竞争对手的服务绩效进行评估和调查，改善服务质量。

在《纽约时报》的受众拓展史上，服务策略的完善走的是一条商品主导逻辑转型为服务主导逻辑的发展道路。

在产品经济时代，销售商品，是经济活动的目标和归宿。服务与商品相比，处于辅助地位。商品生产者和使用者都注重商品的使用价值，容易忽略服务的重要作用。因此，传统媒体在经营管理中，第一，注重创造优质的内容，尤其是"人无我有，人有我优"的独家内容；第二，注重寻找内容商品的推销渠道，尤其注重发行渠道的铺设；第三，注重对内容商品的广告宣传；第四，把内容商品作为主要的与受众联系的渠道；第五，虽然设置了服务功能，但是很少向受众进行宣传和推广；第六，很少将内容商品的价值和服务产生的价值相联结;第七,由于内容商品在经营活动中的核心地位,媒体与受众在信息传播体系中的地位是不平等的。"在商品主导逻辑中,生产者与顾客被人为地割裂开来,因此,价值创造也被视为一个离散的过程:生产者通过完成一系列的生产活动把价值嵌入在商品中,然后把商品投入市场与顾客进行交易,最终实现商品的交换价值。可见,商品主导逻辑不但把顾客排除在价值创造过程之外,而且把他们视为纯粹的'价值消耗者'或者'价值毁灭者'"。[①] 在商品主导逻辑下,《纽约时报》是以内容产品的生产和销售作为服务体系的中心的。在服务体系的建构中,受众处于辅助地位。受众的能动性和创造价值的作用没有被重视,受众的参与性被忽略了。

服务主导逻辑是指注重生产者和消费者之间、其他供应和价值链协作者之间,在不断的互动过程中共同创造价值。"2004 年,两位美国学者瓦戈和鲁什首次提出了'服务主导逻辑'(Service-Dominant logic)理论,对企业的价值创造机制中的服务、资源、交换和价值等重要概念重新进行了界定"。[②]

在传统的商品主导逻辑当中,主张把服务定义为无形产品,但在现代服务业发展大环境下,很多的企业不再单纯提供产品,而是把产品作为向顾客提供服务的载体。因此在服务主导逻辑中,瓦戈和鲁什重新将服务定义为过程,即:为

---

① 李雷、简兆权、张鲁艳:《服务主导逻辑产生原因、核心观点探析与未来研究展望》,《外国经济与管理》2013 年第 4 期。

② 吴琼、朱松林:《服务创造价值:出版业的服务主导逻辑》,《出版发行研究》2015 年第 6 期。

了其他实体的利益而使用某人（企业、机构等）的资源和能力的过程。①

而服务主导逻辑则把价值创造看作一个连续过程，并且认为顾客与他相关主体一起完成"价值共创"过程。等服务传递到顾客那里以后，顾客就会利用自己的知识和技能来享受和维护服务，这其实就是在延续价值创造过程。服务主导逻辑把人们的关注焦点由商品主导逻辑下的交换价值转向了使用价值，并且发现顾客在价值创造过程中扮演着不可替代的角色。在服务主导逻辑下，顾客被认为是一种作用于对象性资源的操作性资源，并且由他们来最终完成价值创造过程。②

在用户型受众的媒介使用习惯中，具体媒体形态的分界已经不存在。用户型受众不仅看重媒体带来的内容商品的使用价值、分享价值和交换价值，而且非常在意媒体带来的社会资本福利的增加和自身参与信息传播过程的实现。受众所看重的这些因素，是目前单一的媒体形态所不能给予的，因为单一的媒体形态带来的服务价值不能满足受众的需求。集成性强、互动性强、参与性强的媒体融合形态能赋予受众福利的实现，而这些是由媒体的完善的服务体系创造的。在媒体完善的服务体系中，媒体和受众同时成为价值的共创者和拥有者。

在服务主导逻辑下，《纽约时报》将服务体系的打造建

---

① 钟振东、唐守廉、Pierre Vialle：《基于服务主导逻辑的价值共创研究》，《软科学》2014 年第 1 期。

② 李雷、简兆权、张鲁艳：《服务主导逻辑产生原因、核心观点探析与未来研究展望》，《外国经济与管理》2013 年第 4 期。

立在与受众进行价值共创的基础上，用服务联结每个受众个体。受众是服务体系的重要组成部分。服务是延续《纽约时报》产品价值链的重要载体。服务体系强调用户创造价值，用户创造价值的动机是用户体验的达成和用户收益的获得。这里有一个值得注意的地方，那就是媒体所提供的服务必须与受众相关。《纽约时报》根据受众的阅读习惯，利用数据挖掘技术，主动给受众推送与其生活关系网相关的一切信息，而且伴随着受众生活和工作的场景不断的转换，这些被推送的相关信息的选题、容量、呈现形态也要相应地做出改变。受众在感知到推送的信息与自己高度相关之后，才会有参与的热情和进一步探索的兴趣。受众在参与中进一步地提出对更细化的信息和服务的渴求，《纽约时报》可以借此调整传播策略和营销策略，完善用服务联结受众、帮助受众做选择、提供重要的参考性建议等服务体系。受众对传播策略和营销策略做出的反馈，也帮助该报重新探索服务体系的完善。例如，《纽约时报》准备发布一个影视推荐工具，这款产品以生活服务为基础，又严格区分评论性报道和日常新闻报道。《纽约时报》的目标是，帮助用户选择值得投入时间观看的影视作品，并方便他们查找、观看。这款产品将在两种平台上展开：首先是一款每周更新数次的通讯性栏目，另外是一个日常内容网站，它专为影视迷打造。对于影视推荐网页，时报正在招聘一名影视评论的作家、一名图片编辑和数名文字编辑，在《纽约时报》的招聘需求中提到，作家应该"编写简洁、轻松而权威的文章，推荐《纽约时报》的读者哪些影视作品应该或不应该看。"①

第二节　构建以受众为中心的服务体系

《纽约时报》构建的以受众为中心的服务体系包括各种商业化信息服务、广告服务、社区服务等。这些服务作为无形产品嵌入到受众的社会关系网中，为受众带来各种意义上的福利，受众也积极加入这些服务之中，提升了服务的质量。

一、广告服务与受众拓展

2015 年皮尤中心的研究报告显示，从 2003 年到 2014 年，数字广告收入呈现逐年上涨的趋势，但是涨幅比较小。印刷广告收入呈现逐年下降趋势，但是跌幅比较大。从总体上看，报业广告收入中比例较大者依然是印刷广告。数字广告急需增加收入。《纽约时报》一直把广告业务看作是为受众提供服务的一个重要的方式。广告业务不仅为受众提供了内容信息和服务信息，而且为受众建立与他人之间的关系提供了便利条件。广告业务对于《纽约时报》而言，不仅仅被当作一种经营管理方式，而且是进行受众拓展的一个重要渠道。目前，社交媒体等其他新媒体平台和传统媒体在抢夺受众和广告商的过程中占据了先机，重要原因在于，社交媒体平台的广告服务已经渗透在受众的社会关系网中。《纽约时报》的

---

① 《〈纽约时报〉开发服务应用 化身"信息仆人"》，http：//www. jzwcom. com/jzw/f5/12765. html，2016 - 02 - 02。

广告服务提升策略的制定，在表面上看来是着眼于广告收入和市场占有率的提高，在实质上则是深层次地与内容生产、平台管理整合在一起，镶嵌在受众的社会关系网中。

《纽约时报》最近在为已拥有 35 人的部门 T 品牌工作室招兵买马，该部门主要是为营销团队制作内容，以帮助推动数字广告收入的增长。在《纽约时报》招聘启事上显示，T 品牌工作室设有至少 7 个营销类的新职位，其中包括金融编辑和社交分析经理。该工作室侧重以讲故事的形式制作广告内容。其他的新职位包括商业编辑、技术编辑、社交媒体副主编以及技术方面的 UX 设计师等。T 品牌工作室大约在一年前推出，它是和《纽约时报》的原生广告平台 PaidPost 一起启动的，目前，T 品牌工作室也负责很大一部分原生广告的内容制作。《纽约时报》发言人琳达在 2014 年就职演说中表示，T 品牌工作室已经完成了 40 多个项目，服务的客户包括 Netflix、壳牌等，该工作室正在迅速补充员工人数。[①] 原生广告是近期美国营销行业的热门，是一种让广告作为内容的一部分植入到实际页面设计中的广告形式，是提升用户体验的特定商业模式。一些记者和编辑认为它跨越新闻和营销之间的界限，不过它又被不少人认为是一个优质平台。广告商越来越热衷于这种模式，因为它比横幅和弹出窗口这类传统的数字广告单元更加引人注目。《纽约时报》一直受到印刷广告下滑困扰，而原生广告在 2014 年第三季度带来了 16.5% 的

---

① 殷鹏编译：《〈纽约时报〉继续推进原生广告业务》，http://data.chinaxwcb.com/epaper2015/epaper/d5942/d6b/201501/52798.html，2015 - 01 - 20。

上涨，让《纽约时报》印刷广告增至 3820 万美元。

《纽约时报》网站改版后刊登的第一个原生广告是戴尔公司的广告。这则广告被围上一个蓝色边框，出现在《纽约时报》网站科技、商业、交易录等页面之中，甚至还混杂在导读栏中。不过，边框上方有一行小字标识着"paid post"（付费帖子）的字样，点击后会看到一篇报道，题为"政府能够企业家化吗"，配了一张国会大厦的图片。文章探讨了关于企业家进入政府部门工作能否给商业发展带来益处的主题。文章右上角还提供分享到社交网络的链接。

原生广告是内容的广告化处理的典型代表。此种类型的广告不负责直接推销品牌包含的产品和服务，它把重点放在树立品牌形象和将此品牌镶嵌在受众的社会关系网中。《纽约时报》的原生广告，是为品牌与受众的生活化关系网络的联结提供一座重要的桥梁。在该报各种平台上推出的原生广告，传达给受众的是分享品质生活和幸福人生的用户体验，将品牌的文化符号移植到受众的生活中去。而且，受众可以凭借自身的参与和解读，赋予品牌符号个性化的特质。

《纽约时报》网站的原生广告，不仅广告栏上标识"paid post"的字样，该网页会告知受众广告的类型，"该广告是由《纽约时报》广告部门与某某公司联合制作，《纽约时报》采编部门的员工没有参与其中"。美国媒体把新闻独立性和职业道德看得十分神圣，尤其是有信誉的大媒体。《纽约时报》的做法是非常谨慎的。[①]《纽约时报》要增加数字广告收入，

---

① 成珞：《〈纽约时报〉网改版 原生广告能否救传统媒体?》，http://news.nandu.com/html/201402/23/808741.html，2014－02－23。

原生广告和移动广告就是他们的关注领域。2014 年，数字广告收入为 1.822 亿美元，年同比增长 12%，其中来自原生广告单元 Paid Posts 的收入低于 10%。很明显，桌面广告收入还会占很多，但新广告格式却是刺激移动收入的潜在力量。①《纽约时报》首席营收官 Meredith Levien 表示，移动全屏插播广告将停止推出，取代这些移动广告的是信息流移动广告，计划于 2015 年 9 月在美国推出，应用于 App 和移动网站。此外，还有一种新的广告格式叫做 Mobile Moments（移动时刻）。根据编辑产品团队所进行的一项为期 12 个月的调查，Mobile Moments 将在一天中对读者来说最重要的 7 个时刻发布定制广告，比如清晨、午餐时间和晚间。早间广告主要是文字信息，与《纽约时报》早间简讯一致，早间简讯就是当日新闻的文字综述。相反，晚间广告主要用图片和视频来补充晚间简讯，该报的晚间简讯与早间简讯类似，但为了让阅读体验更轻松，会增加十多张配图。广告主可以根据目标定位时段买广告。《纽约时报》规定每个时段对应一个广告主，广告销售以曝光为基础，但要有一定的曝光量保证。每个时段的创意都具有非常强的定制性。Mobile Moments 广告将由《纽约时报》40 人规模的部门 T Brand Studio 来操刀，主要为短篇内容，被称作"剧本"。另外，品牌主也可以采用自己的创意内容。

2015 年，由《纽约时报》与温斯坦影业公司联合打造的虚拟现实视频广告《Carol: Dearest …》正式在 Facebook 推

---

① Tim Peterson：《〈纽约时报〉移动广告更原生》，http：//www. maad. com. cn/index. php? anu = wap/detail&id = 5248，2015 - 08 - 28。

出。《Carol：Dearest…》是传统报业集团第一次使用虚拟现实技术为影视公司制作的原生广告，其目的在于宣传即将上映的电影《Carol》。在欣赏《Carol：Dearest…》的过程中，观众能够身临其境地感受百货商店、餐厅等电影场景与片段，并根据自己的意愿控制视频中的各种动作。广告主们评价，《纽约时报》基于虚拟现实技术的视频广告可能会对企业品牌推广产生重大的影响。MEC 社会部负责人 Noah Mallin 认为，"虚拟现实技术的应用价值前景非常广阔，特别是当《纽约时报》与 Google Cardboard 合作并产生商业效益的时候。虚拟现实当下面临的挑战主要是其所带来的新奇感正在减弱，同时，真正实现虚拟现实功能的用户数量较少。如果未来有更多的消费选择与更廉价的耳机，市场情况也许会改变"。[1]《纽约时报》拒绝透露虚拟现实视频广告的价格。据机构消息，通用电气初次购买的价格为 100 万美元，但随着市场的发展，价格可能会随之下降。

二、数据库服务与受众拓展

利用丰富的数据库资源为受众提供更好的服务，是美国很多纸媒的选择。2011 年 9 月，《华尔街日报》推出一款名为"wsj live"的在线视频应用，使得用户可以免费观看实时新闻动态以及视频新闻回顾。"wsj live"上的视频内容来自市场观察、科技、业内评论家等在线新闻节目，并允许用户

---

[1]　刘向阳编译：《虚拟现实拯救传统报业？》，http://www.jzwcom.com/jzw/d5/12262.html，2015 - 12 - 18。

直接访问《华尔街日报》的丰富视频资料库。① 早在 1998 年，《纽约时报》便开通了全文数据库（News Service），为读者有偿提供从 1851 年迄今为止长达 100 多年的《纽约时报》的所有报道内容。在这项服务中，无论是文字、图片还是视频等多媒体格式内容都在新技术的帮助下实现了内容产品化、资产化，用户可以通过登录 Proquest 数据库或是《纽约时报》网站的搜索功能进行直接检索，并通过相应的付费获取所需内容。

2011 年，《纽约时报》开始利用公共测试网站 Beta620 为受众提供数据库服务，开放资源，让静置的资源再度焕发活力。该科技工程计划以聚合各种开源项目为目标，例如 Times Skimmer、Community Hub、Longitude、TimesInstant 等。该科技工程计划背后的直接推动力是该报数年来积累的庞大的数据资源和资料资源。数字技术部门把单篇内容都进行了按图索骥的处理，开放给受众，方便受众随时查阅和搜索。数据库的建立只是开始，更重要的是利用它。《纽约时报》从三年前开始逐渐开放各种应用程序接口，Beta620 的很多项目都是依靠这些接口来对数据库里的内容进行处理。② 一个名为 Longitude 的语义 Web 实验出现在 Beta620 上，它可以为受众访问《纽约时报》网站上的内容提供一个地理界面。Longitude 使用了《纽约时报》存储的大量元数据（metadata）以及来自 Web 的开放链接数据。Longitude 会在谷歌地图上显

---

① 张薇：《160 岁的报纸〈纽约时报〉寻求转型》，http：//www.gmw.cn/media/2012－08/29/content_ 4922304. htm，2012－08－29。

② 黄俊杰：《Beta620——传统纸媒的数字化改造》，http：//www. ifanr. com/48810，2011－08－11。

示"Times T"引脚（pin）。据一篇博客的解释，这些引脚的位置数据来自于全球性的地理数据库 Geonames。点击引脚就会弹出一个气球，其中包含了 10 篇与该位置相关的文章。此外，一些位置还有一到两个额外的选项标签："本地老乡"（Natives）和"公司"（Companies）。点击这些标签，受众可以看到在这个地方出生的人以及总部设在该地的公司的列表。业界人士评论说，Longitude 是一个相对较小的项目，但这种类型的服务有可能成为未来新闻阅读体验的一部分。看看受众自己所在的地方有什么事情被像《纽约时报》这样的全国性（也可以说是国际性）的出版物报道，以及本地居民和公司有什么最新新闻上了《纽约时报》，这是一件很有趣的事。①

三、商业服务、社区服务与受众拓展

《纽约时报》电子商务主要是指《纽约时报》网上商店和《纽约时报》旅行服务。

《纽约时报》商店开始于 1998 年。该网站销售一系列的"独特的历史性的礼品"，包括高端的收藏品，例如照片、版画、周年纪念产品、历史主题的礼物等。该商店也运用《纽约时报》的档案，提供旧版重印的服务。商品价格从 15 美元到 5000 美元，平均佣金为价格的 8%。该网络商店在 2015 年 1 月进行了改造，旨在优化所有的数字平台，允许数字订阅用户运用登录信息登录后进行购买行为。2015 年 1 月，《纽

---

① Kathy：《纽约时报 Longitude：在地图上显示当地新闻》，http://tech. qq. com/a/20110901/000256. htm，2011 - 09 - 01。

约时报》网上商店改版后重新推出,除了销售艺术和纪念性产品外,还销售具有《纽约时报》品牌符号意义的文化商品。在 2015 年 1 月 16 日到 31 日,在网上商店购买 50 美元及以上的商品可以享受免费送货的优惠。

　　《纽约时报》受众的需求是非常复杂的,他们正在不断地寻找独特的生活经验,特别是旅行中的生活经验。《纽约时报》为读者提供旅行社服务,尤其是热门事件中景点的旅行服务。所有旅行路线的制定都参考了在该旅行路线上有过报道经历的记者的经验。这项旅行服务开始于 2012 年的游轮旅程,并且已经扩展到提供横跨 30 个国家的陆地旅行。旅游项目是由阿伯克龙比与肯特运营,包括海外学术旅行、索贝克山野旅行和游轮旅行。《纽约时报》旅行服务,是一个具有教育意义的旅行项目,可以让作为终身学习者的受众与记者在享受愉快旅行的过程中建立深度联结。凡是对旅游沿线地区进行过报道的记者,都可以加入这个旅行项目。首航,始于荷兰的阿姆斯特丹,将花 12 天时间游览地中海东部。该船将访问意大利、克罗地亚、黑山和土耳其。确认的演讲嘉宾包括专栏作家 Joe Nocera 和电影评论家 A. O. Scott。《纽约时报》正在扩大旅游项目,包括开发了 21 个陆上项目,这将进一步巩固生活品味坚守者的地位,并增加报业集团的收入。旅行项目按照旅游目的地的不同划分为"豪华旅行"、"动感旅行"和"主题旅行",以满足不同受众的需求。"豪华旅行"承诺提供精致的住宿和美食,"主题旅行"围绕一个主题或者一个历史事件设计了一条具有教育意义的旅行路线,"动感旅行"设计的旅行项目让旅行者超越自己的极限。例如,"豪华旅行"包括"俄罗斯的富饶"、"现代风格的中国"、"非洲心脏地带：肯尼亚和坦桑尼亚"、"南部非洲野生动物园"和"印度风格的精华"。"主题旅行"包括歌剧、第一次世界大战和达尔文·查尔斯。"动感旅行"包括哥斯达黎加的生态旅游徒步行和新西兰的航行。

1998 年，《纽约时报》座谈会成立。该座谈会是《纽约时报》赞助的、在《纽约时报》记者和 21 世纪精英以及思想者之间的对话活动。座谈活动在纽约市以及全美国范围内举办，有时也在加拿大和西班牙举办。想参加座谈活动的人需要在《纽约时报》座谈活动的网站上买票。在《纽约时报》座谈活动视频网页上，座谈活动录像以及谈话的精华内容被记录。

《纽约时报》电影俱乐部，是一个会员制俱乐部，致力于在纽约和洛杉矶举行电影观赏活动。成为会员后，可以预览新电影，获得红地毯首映礼的门票，获得《纽约时报》网站上销售的门票折扣和《纽约时报》座谈活动的门票折扣。作为《纽约时报》创收项目之一，尤其是配合在线付费墙的建立，该电影俱乐部是在 2011 年推出的。

2009 年 8 月，《纽约时报》葡萄酒俱乐部成立。该俱乐部实行会员制，每 1 到 3 个月，会员会被提供六瓶葡萄酒，这些酒是《纽约时报》聘请的葡萄酒专家和品酒师精心挑选的。它提供两种会员加入方式，一种是花费 90 美元的会员费，另一种是花费 180 美元的会员费。该葡萄酒俱乐部独立于《纽约时报》视频和酒类部门，由全球葡萄酒公司经营。

除了商务服务和旅行服务之外，《纽约时报》还十分注重参与到社区活动中，为公益事业贡献自己的力量。该报每到圣诞节和新年这段时间，专门登载一些穷人的故事，并为一些"最需要救助的人"设立了一个基金，邀请读者给这一基金捐款，帮助那些最需要救助的人。

第三节　《纽约时报》跨国传播
覆盖更多受众

一、拓展国际受众的重要意义

（一）将国际影响力转化为盈利能力

从营销管理的角度看，通常情况下，企业做出拓展国际影响力、打开国际市场的发展策略时，会考虑以下几点：首先，国内市场已经饱和，很难寻找国内市场的空白点；其次，国际市场的用户群体有消费的需求，企业的产品和服务有目标市场；第三，企业之前曾经在国际市场上推出过成功的产品和服务。当进入国际市场的条件已经成熟之后，企业必须考虑把哪些产品和服务以怎样的方式推向市场，是在国际市场全面铺开，还是逐一攻破各个国际子市场。另外，如何对产品和服务进行改造，适合目标国用户群体的需求，也是打入国际市场的一个重点和难点。是否用实验性的产品和服务进行测试，并收集用户反馈以进行调整等，这些问题都必须囊括在企业的国际化发展战略的制定过程中。公司还必须考虑目标市场的选择。目标市场是否有吸引力取决于产品本身，也受到这个国家的地理位置、收入和人口数量以及政治环境的影响。对世界市场最主要的划分是发达市场和发展中市场。"正确的策略往往是：少进入几个国家，并在这几个国家全身心地投入。一般来说，公司偏爱进入这样的国家：市场有吸引力；市场的风险低；在该市场中公司拥有竞争优势"。[①]

　　消费者行为差异和历史营销因素导致营销者在不同市场中对产品做出不一样的定位。最好的全球品牌在主题上一致，但同时能反映出消费者行为、品牌建设、竞争对手以及法制或政治环境的重大不同。在建设全球化品牌的过程中，应该注意：第一，在全球化品牌建设的大范围内了解各地的相似和不同之处。国际市场可能在品牌开发、消费者行为、竞争活动、法律法规等许多方面不同。第二，接受整合营销。海外市场公司往往需要多种传播手段，广告是远远不够的。第三，建立品牌合作伙伴。一般情况下，大部分国际品牌在建立同盟军的情况下，品牌强强联合，彼此取长补短，试图占据市场销售的良机，达到最佳组合的效果。第四，巧用品牌组成元素。品牌元素（品牌名、商标等品牌标识）如果设计和实施得当，可以在全球范围内成为品牌资产不可或缺的来源。产品适应即根据当地条件或消费者偏好调整产品。调整可能发生在许多不同的层面：公司可以为产品设计区域版本；公司也可以为产品设计国家版本；公司还可以设计城市版本；公司也可以设计零售商版本的商品。不同目标市场的产品和服务，实质上是打造国际品牌的子品牌，应该因地制宜和因时制宜。公司要决定是在少数几个国家还是在多个国家同时开拓市场。公司也要决定哪些国家值得考虑。一般来说候选国应该根据三个标准来衡量：市场吸引力、风险和竞争优势。

---

　　① ［美］菲利普·科特勒、凯文·莱恩·凯勒：《营销管理》，王永贵等译，中国人民大学出版社 2012 年版，第 650－656 页。

《纽约时报》执行主编 Dean Baquet 在 2015 年初给编辑部的员工写了一封信，信里详细阐述了他对这一年《纽约时报》发展计划的看法。其中提到，拓展国际受众，《纽约时报》现在正在谋划先进入哪个国际市场以及怎样进入。《纽约时报》负责受众拓展的助理执行总编亚历克丝·麦柯伦认为，"我们的国际订户增长率比美国国内的订户更快，我们看到了美国以外的大发展机遇，这让人非常兴奋。"① 通过这种近在手边的机会，麦柯伦称《纽约时报》开始考虑将已有内容翻译为其他语言，扩展在国际市场的受众群体。《纽约时报》发行人苏兹贝格称这样做的很大原因是因为现任总裁马克·汤姆森曾是 BBC 的总干事，拥有丰富的品牌国际拓展经验。

（二）拓展国际受众有利于文化扩张

美国凭借其经济和科技的优势，历来是大众传媒的受益者，在 1945 年 9 月出任助理国务卿的威廉·本顿就明确地指出，"以人员、图书、教育、艺术等手段进行文化交流是一种'慢媒介'，其主要作用是'影响精英人物'，着眼点是'长期的文化调整'；无线电广播和电影宣传手段则是一种'快媒介'，在影响其听众和观众方面，可以立竿见影地'改变人们的见解和政治态度'"。② 目前，在全球一体化的潮流中，美国咄咄逼人的文化霸权攻势，通过传媒得以实现。《纽约时

① Ashley Nguyen：《How The New York Times has changed since the innovation report 》，https：//ijnet. org/en/blog/how-new-york-times-has-changed-innovation-report，2015 – 06 – 02。

② 李永梅：《从传媒看美国的文化扩张》，《湖北经济学院学报（人文社会科学版）》2008 年第 2 期。

报》是美国主流文化价值观输出的主要平台之一，在实施拓展国际受众的发展战略时，除了有谋求商业利润的考虑之外，也有进行文化扩张和价值观渗透输出的动机。

例如，《纽约时报》创办的微信公众号"NYT教育频道"，是一个为中国受众服务的信息类产品，提供涉及教育、经济、科技、图书馆、影视业等多领域的信息和服务。探究该微信公众号的热门文章《一封公开信》、《每日一词》、《ABC成长的烦恼》的议题设置、表达方式、写作视角、叙述风格等细节，可以看到，该微信公众号的内容产品为中国受众了解美国新闻报道提供了方便，也试图沟通不同文化语境中成长的受众对同一事件的不同认知。但是，从总体上看，该微信公众号还是比较强化美国文化价值观的输出，更多地陈述美国人如何看待中美文化交流中出现的各种情况。

（三）国际受众拓展适应美国人口结构的变化趋势

美国国内人口结构变化，使得《纽约时报》忠实受众的发展空间逐渐收紧，所以该报必须拓展国际空间的受众。根据中国新闻网公布的信息，"美国移民研究中心（Center for Immigraton Studies）最新公布的人口普查报告显示，目前美国移民人口已达到了创纪录的4240万人，每8个美国公民中就有一个是在外国出生的，其中亚洲新移民增长最快。急剧增加的移民，大部分来自亚洲、特别是东亚。过去5年间，印度新移民约426000人，中国其次有353000人。多米尼加共和国、萨尔瓦多和危地马拉排在3至5位。此外，来自亚洲的新移民和来自其他地区的移民以及美国本土民众相比，倾向于有更高的学历。美国人口普查局指出，美国移民占总人口的比例将在2023年达到历史最高的14.8%，白人孩子届时将成为美国的少数族裔。如果按照目前进入美国的速度，直到 2060 年移民人口都将持续增加"。[①]

少数族裔的媒介使用习惯，也使得《纽约时报》面临的美国媒体受众市场趋向于饱和。在加州，一个新的、全面的、用来量化加州少数族裔媒体使用情况的调查结果显示，少数族裔的媒体是普遍存在的。受访者由西班牙裔美国人、亚裔美国人和非裔美国人组成，受访者中 84% 认为他们通过少数族裔的电视、广播和出版物获取信息。少数族裔媒体消费者都是忠实受众。68% 的受访者说他们选择收看少数族裔电视台的新闻节目而不是英文频道的新闻节目。40% 的受访者说他们观看更多的是少数族裔语言的广告而不是英文广告。当加州少数族裔人群需找关于当地服务信息时，例如水管工、律师、餐馆等信息时，44% 的受访者说他们会在母语媒体上找信息，34% 的人会在主流媒体上找信息，33% 的受访者会运用网络寻找信息调查发现，63% 的加州少数族裔每天观看母语电视节目，58% 的加州少数族裔每天收听母语广播。22% 的加州少数族裔每天阅读少数族裔语言的报纸。[②] 由于美国人口构成发生变化，美国主流媒体正在想方设法拓展使用非英语语种的受众。罗格斯大学传播学副教授 Vikki Katz 认为，非英语受众体现出对媒体发展的潜在价值，在主流媒

---

① 《美移民人口 4240 万创新高　亚洲新移民增幅最快》，http：//www. chinanews. com/gj/2015/09 - 24/7540955. shtml，2015 - 09 - 24。

② Pui-Wing Tam：《The Growth in Ethnic Media Usage Poses Important Business Decisions》，http：//www. wsj. com/articles/SB1019503803677549920，2002 - 04 - 23。

体中这一趋势正在增长。① 对于英文媒体而言，在一个多元文化并存的美国和一个全球化的世界，翻译提供了一个更好服务于多元文化社区和吸引新受众的机会。越来越多的英文媒体重视发展把更多内容翻译给国外受众的项目，尤其是翻译成西班牙文和葡萄牙文。根据最新的人口普查数据，除了英语之外，在家讲其他语言的人数达到了历史新高。少数民族的媒体消费在美国正在增长。

"众多西方媒体，尤其是英文媒体的受众市场已趋近饱和。传统媒体举步维艰，付费墙时代的受众准入门槛越来越高，媒体机构的收入也呈现'多渠道分流'的态势。相形之下，中国已经建立起了世界最大的传媒市场，传统媒体与新媒体齐头并进，再加上中文是世界第一大语言，华语文化圈辐射的范围日趋扩大，这就为寻求出路的西方媒体提供了新的契机"。②

二、《纽约时报》拓展国际受众的策略

在营销传播中，国际品牌面临的是一个陌生而又复杂的文化领域，文化差异所带来的文化冲突对其传播效果的影响和冲击是直接而深刻的。如何在世界多极化与多元化并存、信息权力不对称与媒体生态多元化并存的局面下，将品牌的

---

① Lene Bech Sillesen：《Can mainstream US media tap into non-English-speaking audiences?》，http：//www. cjr. org/innovations/can_ mainstream_ us_ media_ tap_ into_ non-english_ audiences. php，2015 – 06 – 10。

② 史安斌、张卓：《从一款 APP 看西方媒体的"中式全球化"》，http：// blog. sina. com. cn/s/blog_ 81651ac20102vo2l. html，2015 – 06 – 16。

特质有效地传播出去，是国际品牌亟待解决的重大现实问题。[①]《纽约时报》作为文化领域内的国际品牌，在拓展国际受众时势必要考虑受众的异域文化适应度的问题。

前《纽约时报》中文网执行总编辑曹海丽在接受张志安和刘虹岑的专访时提到，"《纽约时报》的定位就是一份知识分子、精英看的报纸，因此《纽约时报》中文网也是以这样的定位来筛选文章的。我们大部分的内容是对《纽约时报》上刊登的文章进行翻译，在这一点上，所有外文媒体的中文网都是一样的，都是以翻译为主的新闻网站。当然，大家也都会根据中国读者的需求做一些原创新闻。目前，中文网原创和翻译的比例大概是1∶4，翻译占到了全部新闻的80%以上。原创新闻基本上是与中国有关的选题，通常是约稿，编辑会根据自己的判断去决定一个题目是否值得做。中文网的作用就是为中国读者了解外媒如何报道中国提供了一种语言上的便利。大部分读者仍是来自中国大陆的读者；第二是台湾；第三是北美地区的海外华人。在国内来说，能够抵达读者的渠道很有限。我们通常会通过微博、微信这两个渠道，但我们在国内的力量非常有限。而且现在整个中国内地的社交媒体管理比较严格，很多时候我们非常被动。从经营模式上看，目前《纽约时报》中文网的盈利还是靠广告，但是由于客观原因，我们现在的广告几乎没有，主要还是靠总部支持。因为我们既没有广告，又没有内容付费，所以现在还是

---

① 姚曦、王佳：《国际品牌跨文化传播的影响因素模型与提升路径——一项基于扎根理论的探索性研究》，《新闻与传播研究》2014年第3期。

处于比较困难的状态"。①

　　"自 2014 年 12 月起，《纽约时报》推出了专为来美国的中国游客设计的（简体汉字）纸质'纽约指南'（City Guide/New York）；每年于 4、9 和 12 月出版，印刷总数 21 万份，通过全球的旅行社、酒店和机场发行。显然，这是该报看重中国市场、公民购买力、扩大全球影响力和探索新商机的策略的一部分"。②《纽约时报》选择从内容和选题本土化方向入手，拓展中国受众，《纽约时报》美甲沙龙报道就是一个鲜明的例子。众所周知，中国休闲消费中，美甲消费的新闻报道是目前新闻媒体报道的焦点之一。近年来，中国受众对于此种题材的关注度越来越高。2015 年，《纽约时报》对于美国一些地区的美甲行业的工作人员的生存环境和职业现状进行了深入的追踪报道，揭露了该行业监管不力、工作人员受到不公平待遇的现状。

　　关于纽约美甲沙龙的工作状况和劳工健康问题的报道发表之前，它在网上已经开始传播。据《纽约时报》负责受众拓展的助理执行总编麦柯伦称，网上的阅读人数已经到达了500 万。仅仅为了这一个报道项目，编辑和记者紧密工作了数月进行准备。针对此选题，《纽约时报》有一个强大的报道计划。这个计划包括将报道的两部分翻译为韩文、中文和西班牙语，在这些语言的社交媒体上进行传播，利用《纽约时报》的新闻邮件团队和使用推送提醒。这个话题最终成为

---

　　①　张志安、刘虹岑：《为读者提供多元的视角和稀缺的事实——专访纽约时报中文网执行总编曹海丽》，《新闻界》2014 年第 20 期。

　　②　《密苏里孙志刚新浪微博》，http：//www. weibo. com/u/1929234823#_rnd1426776576261，2015 – 03 – 16。

了 Facebook 上的热门话题；纽约州州长安德鲁·库奥莫采取紧急措施，下令保护美甲沙龙员工。纽约市长比尔·德·布拉西奥发誓调查到底，并组织了一个"美甲沙龙行动日（Nail Salon Day of Action）"。

《纽约时报》中文版网站设计的风格与重新设计的国际版以及美国版的风格相一致。现在的中文网在 2014 年 1 月被重新设计过，使网站看上去更时尚，登录更快，内容呈现更直观。《纽约时报》中文网的传播审美概括起来就是：通过对定位的中国中产阶级读者审美需求的精准把握，对新闻作品宁缺毋滥的严格质量把关，对纽约时报品牌的维护、简洁大气风格的绝对忠实，和对新媒体技术的有效运用，为读者在理想平台上提供了所需信息和高质量报道。此外，研究还显示，《纽约时报》中文网的传播审美还有需要改进的地方，比如中美意识形态的分歧仍反映在驻华记者的对华看法中，在一定程度上影响了政治方面报道的公正性。另外，网站本土记者的创作水平有限也使得《纽约时报》中文网的本土原创比例较低，本土化水平有待提高。①

《纽约时报》中文网社交媒体的受众通常与网站受众是同一个群体。可以说，《纽约时报》中文网是《纽约时报》的一个子公司，它的主要内容、语言风格和页面设计与《纽约时报》一致。《纽约时报》中文网拓展受众群体的措施包括：每日发送邮件给受众，在微信上推送文章，在豆瓣网上销售电子书，在合作网站上销售文章。电子书是根据不同的

---

① 阮帆：《纽约时报中文网的传播美学分析》，北京外国语大学硕士学位论文，2015 年，第 iv 页。

主题分类的《纽约时报》文章的选集，例如健康、教育等。电子书可以方便《纽约时报》的忠实读者可以按照分类看文章而不必在数据库中苦苦搜索自己想看的文章了。文章销售有两种途径：一种是网站购买部分文章进行付费刊登，另一种像 Lofter. com 和 Qdaily. com 这些网站一样，在网站上划定特定区域刊登《纽约时报》的内容。

《纽约时报》中文网致力于"向中国读者提供有关全球时事、商业及文化的高水准报道"。中文网一方面延续着母媒体的品牌、经验和内容资源优势，有着很高的起点，一方面又面向中国受众量身打造了本土化的内容，"既包括《纽约时报》英文报道的中译版本，也包括本土中文作者及专栏作家专为中文网所撰写的原创稿件。《纽约时报》中文网在版式风格上延续了母站的特点，一方面是对成熟母站建设经验的借鉴，省去另起炉灶的重复设计与建设，另一方面能够在视觉上做到与母站的相对统一，延伸品牌认同与优势。同时，在中文版式设计上又精益求精，尊重中文与英文不同的设计效果。除此之外，《纽约时报》中文网采取了相近的数字化战略，包括 ESS 订阅、社会化媒体传播、多媒体创新等。例如《纽约时报》中文网在一系列中文平台上开通账号，包括新浪微博、人人网、新浪博客、网易博客等，向中文用户推送内容、提供服务和开展互动。除沿袭母报优势之外，《纽约时报》中文网做了许多本土化运营的努力，包括大量招聘中国本土媒体从业人员、关注中国议题及华人世界"。[①]

---

① 于迎：《〈纽约时报〉的跨国传播策略——以〈纽约时报〉中文网为例》，《中国记者》2013 年第 2 期。

　　《纽约时报》中文网的数字化战略也体现在其招聘社交媒体编辑的条件中，该网站刊登出的对应聘人员工作职责的要求是这样的：管理《纽约时报》中文网的社交媒体账号，在社交平台上发布和推广《纽约时报》中文网的内容；与读者进行互动，回复读者的提问，整理读者评论与读者来信；策划并组织与读者互动的各种在线活动；管理社交媒体实习生，评估实习生工作。从应聘人员的岗位职责要求中可以看出，《纽约时报》中文网对于建立与受众之间的深度联结，是十分看重的。

　　《纽约时报》国际生活网站于 2013 年 10 月 10 日开通。"根据 Alexa 网站的统计，33.7% 的访问者来自中国大陆，11.8% 来自中国台湾，5.2% 来自中国香港，另外还有相当数量的访问者来自海外（日本 17.1%，美国 14.6%，加拿大 5.4%，澳大利亚 5.3%）。从数据中我们可以看到，其他任何一个国家或地区的访问人数都远远少于中国大陆的访问人数。此外，Alexa 对访问者上一个访问网站的统计数据显示，25.8% 的访问者上一个访问网站为《纽约时报》网站，8.5% 的访问者之前访问的是新浪微博。这一数据说明：首先，《纽约时报》网站引导了相当数量的用户去浏览国际生活版的网页；其次，国内社交媒体起到了一定的导向作用，其中主要是新浪微博"。①

　　纽约时报国际生活网站分为时尚、设计等九个板块，有独立域名，和中文网一样为免费阅读。据其网站介绍，该在

---

① 郭石磊：《外媒中文网在中国社交媒体中的传播》，http：//media. people. com. cn/n/2014/0714/c206896 - 25279858 - 3. html，2014 - 07 - 14。

线杂志的设计思想起源于《纽约时报》风尚杂志，由《纽约时报》中国公司运营，旨在提供"深度、前瞻、富于智趣的文化风尚资讯。"《纽约时报》的中文在线杂志与其中文网编辑团队有所交叉，除翻译英文杂志内容之外，也有部分原创内容和服务信息。在线杂志网页显示 9 个本地合作伙伴，包括时尚、艺术、投资类网络媒体或门户网站的时尚板块。①

《纽约时报》国际版，（the International New York Times）是专门为国际受众服务的版本。2013 年开始出版，是 1887 年在巴黎创刊的《国际先驱论坛报》的继任。登陆 international. nytimes. com. ，可以浏览《纽约时报》国际版的内容。《纽约时报》国际版的平均发行量（包括付费订阅的纸质版和电子版），截止到 2014 年 12 月 28 日和 2013 年 12 月 29 日，分别估计约是 219, 500 和 220, 500。②

当媒体实施国际市场受众拓展策略的时候，媒体内容生产部门和经营管理部门的人员也要具备国际化的传播能力。工作人员不管是在《纽约时报》总部负责国际版的工作，还是派驻到目标国记者站工作，都要对目标国的国情、语言、风土人情、社会习俗、文化传统等有所了解，甚至是深入了解。这将帮助媒体深入了解目标国受众的信息消费心理和信息消费习惯，有针对性地提供信息和服务。具体来说，内容生产部门需要了解目标国市场受众的信息消费的偏好和信息

---

① 李昕：《〈纽约时报〉中文网推出文化资讯杂志》，http：//international. caixin. com/2013 - 10 - 11/100590181. html，2013 - 10 - 11。

② 《The New York Times Company 2014 Annual Report》，http：//s1. q4cdn. com/156149269/files/doc ＿ financials/annual/2014/2014 - Annual-Report-(FINAL) . pdf。

呈现的形式，开发和策划本地化选题；经营管理部门需要了解目标国市场受众的广告需求和服务需求，量身打造产品推广策略。当然，进入目标国市场的传播语境，先要从掌握目标国的语言入手。《纽约时报》在自己的报社内部，为所有负责国际传播的员工开设了目标国的语言学习课程，例如中文学习课程等，借助语言的优势打通国际传播存在的阻碍。

《纽约时报》中文网通过设置征文活动的议题，争取中国受众的注意力。例如，针对近期中国学生海外留学热的现象，《纽约时报》中文网举办了一项征文活动，邀请申请美国大学课程、并成功拿到 Offer 的中国读者分享帮助他们拿到入学资格的申请文书。中文网编辑部从投稿中挑选出了部分文稿，希望与读者分享这些优秀的中国留学生的经验。例如，被西北大学 Medill 新闻、媒体与整合市场传播学院录取的范伊馨的申请文书《对媒体的热爱让我坚持前行》。她来自山西太原，曾就读于山西大学附中。2012 年她从山西大学英语语言文学专业转学至明尼苏达大学德鲁斯校区学习传播学。今年她被西北大学 Medill 新闻、媒体与整合市场传播学院新闻学理学硕士项目录取。该文章介绍了范伊馨在中国和美国的教育经历和媒体工作经历。[①]

三、拓展国际受众遇到的困境和挑战

《纽约时报》拓展国际受众，首先要打通的是语言的"围墙"。《纽约时报》尝试通过翻译促进国际受众的拓展。

---

① 范伊馨：《对媒体的热爱让我坚持前行》，http：//cn. nytstyle. com/education/20151217/t17essaycontest-fanyixin/，2015 – 12 – 17。

从 2013 年至今，该报开始加倍努力地将所选择的文章翻译成西班牙语。已被翻译的文章最初涉及拉丁美洲的题材，但现在延伸至电视节目和国际新闻等题材。该报还尝试将所选定的文章翻译成马来语等多种语言。该报的影评现在可以用西班牙语呈现了。该报的 Twitter 和 Facebook 账号也分享了纸质版报纸上的西班牙语内容。《纽约时报》国际副主编 Lydia Polgreen 认为，以上种种努力是该报翻译方面的新尝试，但是翻译工作仍处在早期阶段。Polgreen 认为，如何拓展《纽约时报》国际受众，需要了解人们需要什么和何时需要。此外，拓展国际受众还必须遵守目标国的媒体政策。例如，《纽约时报》曾在巴西拟计划推出针对葡萄牙语读者的类似网站，但是，该计划失败了。《纽约时报》也是较早的开拓印度市场的媒体之一，在 2011 年推出了 India Ink。不久之后，该博客被关闭了。

在克服语言交流障碍带来的国际受众拓展的难题时，要更加重视翻译工作的完善。翻译作为不同语言之间的桥梁，一方面促进了不同语言版本的转化，另一方面也导致了新的问题出现。例如，将英文新闻报道中的某些词汇翻译成中文，有时未必能找到完全对应的、合适的、准确的词汇，一个可能的原因是英文中的某些词汇在中文中不存在。面对翻译过来的新词汇，中文为母语的受众在理解程度上就会与英语为母语的受众存在偏差。换个角度看，从中文翻译成英语，尤其是翻译成在英语中不存在的词汇，也会在某个程度上影响英语为母语的受众的理解。在媒体的信息传播中，媒体交流的信息时效性和互动性非常强，新鲜词汇的使用频率高，在这样的信息交流语境中，国际传播中语义的转换、文体的转换、修辞和表达的转化就会受到影响，沟通的效果就会受到影响。目前《纽约时报》在其他国家传播的版本，主要以翻译介绍该报美国版本的内容为主，这就意味着在向以英文以外的语言为母语的受众进行信息传播时，会面临翻译带来的困境，退一步讲，即使翻译效果好，也可能面临受众对于来自异域的选题不感兴趣的结果。唯一的办法，是在目标国的《纽约时报》分部，尽量使用当地雇员采写的新闻报道，或者是将比较熟悉目标国语言的内容生产者派驻到目标国去。

其次，《纽约时报》在进行国际受众拓展时，还面临着文化和价值观的差异。《纽约时报》生产各种信息产品和服务产品，从上层建筑领域的角度看，是负有传播文化价值观的重要责任的。该报作为美国精英媒体的代表，已经被深深地打上了传播美国主流文化价值观的烙印。在国际传播中，该报的每一次产品和服务的输出，对于目标国媒体市场来说，也是价值观和文化思潮的输入。目标国的文化价值观带有深厚的屏障，如何突破屏障，让美国价值观进入异域的文化传播中，让目标国的受众接受，《纽约时报》是要付出极大的失败成本的。从另外一个层面上看，当今全球的生活方式在技术的影响下倾向于碎片化、商业化和个人化。《纽约时报》作为精英文化的代表，固守着传统的、精致的、唯美的、雅致的生活品味和文化追求，这与目前的商业社会中的信息消费观和消费方式有所出入。另外，《纽约时报》受众拓展的策略是将核心受众转化成付费用户，维护和拓展核心受众人群，强化这部分人群的主流价值观是自身政策的重点。那么，在异域传播中，如何界定核心受众，如何稳固该核心受众群体的文化价值观，是《纽约时报》国际受众拓展的难题。第三,《纽约时报》在进行国际受众拓展时,要面临自身如何定位的问题。《纽约时报》在美国本土内是定位于精英阶层的媒体,但是在身处于人类传播"去中心化"、"去中介化"、传播权力与受众共享的发展趋势下,该媒体在异域市场的传播如果依然坚持原有的精英文化定位的话,难以引发目标国媒介市场中受众的持续关注和订阅行为。若是贸然放弃精英文化定位,只是走迎合市场的大众化路线的话,又与《纽约时报》的品牌文化格格不入。另外,对于目标国媒介市场中的年轻受众,如果《纽约时报》实施社交媒体拓展战略的话,也会面临目标国的社交媒体政策壁垒等一系列问题。因此,《纽约时报》在国际传播中如何以适合的身份定位与国际受众建立持久的关系,是一个值得重视的问题。

综上所述,《纽约时报》受众拓展的理念和实践,实质上是传统媒体创新发展的一个缩影。本书在绪论部分阐述了选题来源和现实意义,在第一章分析了美国报业的现状和受众缺失的原因,在第二章深入分析了《纽约时报》发展史中维系忠实受众的具体策略,在第三章提出了受众拓展应建立在品牌影响力共创共享、社会资本增值、受众联结等理论基础上。本论文从第四章到第七章,从编辑部转型、内容的产品化经营、平台管理、多元化服务等角度,对受众拓展策略进行了深入的研究。《纽约时报》的受众拓展策略给世界报业的转型提供了有益的启示。第一,报业自身角色的变化、传播生态环境的变化和受众身份的变化,彰显着报业重生为数字媒体公司的必要性。第二,媒体和受众共同分享内容生产的权力,内容生产应积极规划、利用媒体资源和受众资源,将资源转化成盈利能力。第三,"数字优先"和"用户思维"

应贯穿内容聚合、生产和传播的全过程。第四，在平台管理中，平台发展的核心策略是，与年轻受众建立关系化传播。第五，将服务体系深深地根植于为受众带来价值的社会关系网中，聚拢核心受众群，扩大潜在受众群。

结　语

本书通过对《纽约时报》受众拓展的历史和现状进行深入研究后发现，对于转型为数字媒体公司的《纽约时报》来说，扩大付费订阅受众的规模、把社会影响力转化为盈利能力将是现在和未来的《纽约时报》发展的重点。为了在 2020年实现数字营收 8 亿美元的目标，《纽约时报》将全力实施"数字优先"的发展策略。为此，《纽约时报》必须从技术、资本、文化等各个维度去改造自身的生产流程和营销结构，重视与受众建立深度联结，让受众通过使用《纽约时报》来增值原有的社会资本。首先，开放内容生产资源和环节，让受众和编辑部一起生产内容产品，一起共享信息传播的资源和权力。同时，打破"采编和经营严格分离"的思维藩篱，努力探索如何让内容更好地转化成商业价值。第二，借助平台的力量，与年轻受众建立关系化传播，将关系产品嵌入到年轻受众的生活中，探索《纽约时报》产品变现的渠道。第三，构建以用户型受众为中心的服务体系，并且通过拓展国际受众来应对美国社会结构变迁给媒体带来的挑战。

毋庸置疑，中国的报业面临着同样的发展困境：发行量逐年下滑，广告收入逐年下降，受众流失情况严重等。虽然中国的媒体政策和环境迥异于美国，但是中国报业和美国报业都面临着如何重构与受众关系的难题。本书所研究的《纽约时报》的受众拓展策略，有一些问题是值得两国的传统媒体共同探讨的。例如，如何把年轻受众转化为媒体的核心受众甚至是付费订阅用户。在这个问题上，《纽约时报》注重利用技术与内容的深度结合，注重发展移动平台内容产品和视频类内容产品，其先进的理念和做法值得中国报业学习。另外，如何为受众提供多元化的服务产品。目前，中国报业受众所享受到的服务主要是广告服务。《纽约时报》除了提供广告服务之外，还可以通过大数据为受众提供定制化服务，提供数据库和社区服务，高度嵌入受众的生活，这些都为中国报业提供了继续发展的空间和未来的可能性。总之，《纽约时报》受众拓展策略的开展，为"唱衰纸媒"的论调提供了有力的反驳，也为世界报业重生提供了值得深入研究的样本。

参考文献

一、中文文献

（一）中文专著

1. 张国庆．媒体话语权——美国媒体如何影响世界［M］．北京：中国人民大学出版社，2012.

2. ［美］达洛尔·M.韦斯特．美国传媒体制的兴衰［M］．董立译．北京：北京大学出版社，2010.

3. ［美］迈克尔·埃默里，埃德温·埃默里，南希·L·罗伯茨．美国新闻史：大众传播媒介解释史［M］．展江译．北京：中国人民大学出版社，2009.

4. ［美］迈克尔·舒德森．发掘新闻：美国报业的社会史［M］．陈昌凤，常江译．北京：北京大学出版社，2009.

5. 吴小坤，吴信训．美国新媒介产业［M］．北京：中国国际广播出版社，2009.

6. 张军芳．报纸是"谁"——美国报纸社会史［M］．北京：中国传媒大学出版社，2008.

7. ［美］苏珊·蒂夫特，亚历克斯·琼斯．报业帝国——《纽约时报》背后的家族传奇［M］．吕娜，陈小全译．北京：华夏出版社，2007.

8. 辜晓进．美国传媒体制［M］．广州：南方日报出版社，2006.

9. 吕尚彬. 中国报业：市场与互联网视域下的转型 [M]. 北京：社会科学文献出版社，2014.

10. 陈国权. 报业转型新战略 [M]. 北京：新华出版社，2014.

11. 麦尚文. 全媒体融合模式研究：中国报业转型的理论逻辑与现实选择 [M]. 北京：中国人民大学出版社，2012.

12. 张志军. 心向受众——以人为本的传播理念 [M]. 北京：中国国际广播出版社，2014.

13. 刘强. 融合媒体受众采纳行为研究 [M]. 上海：上海交通大学出版社，2012.

14. 位迎苏. 伯明翰学派的受众理论研究 [M]. 北京：中国传媒大学出版社，2011.

15. 何威. 网众传播：一种关于数字媒体、网络化用户和中国社会的新范式 [M]. 北京：清华大学出版社，2011.

16. 刘燕南，史利. 国际传播受众研究 [M]. 北京：中国传媒大学出版社，2011.

17. 方雪琴. 新兴媒体受众消费行为研究 [M]. 郑州：郑州大学出版社，2010.

18. [美] 大卫·克罗图，威廉·霍伊尼斯. 媒介·社会——产业、形象与受众 [M]. 邱凌译. 北京：北京大学出版社，2009.

19. 陈崇山. 受众本位论 [M]. 北京：社会科学文献出版社，2008.

20. 臧海群，张晨阳. 受众学说：多维学术视野的观照与启迪 [M]. 上海：复旦大学出版社，2007.

21. [美] 丹尼斯·麦奎尔. 受众分析 [M]. 刘燕南，李颖，杨振荣译. 北京：中国人民大学出版社，2006.

22. ［美］理查德·布茨. 美国受众成长记［M］. 王瀚东译. 北京：华夏出版社，2006.

23. ［英］罗杰·迪金森，拉马斯瓦米·哈里德拉纳斯，奥尔加·林耐. 受众研究读本［M］. 单波译. 北京：华夏出版社，2006.

24. 张春林. 当代中国传媒的受众策略——以受众身份为圆心进行探索［M］. 重庆：重庆出版社，2006.

25. ［英］维克托·迈尔-舍恩伯格，肯尼思·库克耶. 大数据时代——生活、工作与思维的大变革［M］. 盛杨燕，周涛译. 杭州：浙江人民出版社，2013.

26. ［美］林南. 社会资本：关于社会结构与行动的理论［M］. 张磊译. 上海：上海人民出版社，2004.

（二）中文期刊论文

1. 新华社新闻研究所国际传播研究中心. 数字化背景下的报业转型——纽约时报创新报告（2014）［J］. 新闻与写作，2014，（6）.

2. 新华社新闻研究所国际传播研究中心编译.《纽约时报》数字化困境与转型规划［J］. 中国记者，2014，（6）.

3. 孙志刚.《纽约时报》内部报告说了些什么［J］. 传媒评论，2014，（7）.

4. 那福忠.《纽约时报》的创新报告［J］. 今日印刷，2014，（7）.

5. 刘琴. 美国报纸新闻 App 现状与《纽约时报》经验借鉴［J］. 中国报业，2014，（3）.

6. 孙志刚，吕尚彬.《纽约时报》付费墙对中国报纸的启示［J］. 新闻大学，2013，（3）.

7. 刁毅刚.《纽约时报》的内容数据开放和新闻客户端战

略〔J〕．中国记者，2012，（2）．

8. 于迎．《纽约时报》的跨国传播策略——以《纽约时报》中文网为例〔J〕．中国记者，2013，（2）．

9. 马忠君．走进《纽约时报》互动新闻报道部〔J〕．新闻战线，2011，（11）．

10. 黄朝钦．《纽约时报》的"停印"与中国报业的明天〔J〕．当代传播，2011，（1）．

11. 徐剑，苏昱．开放 API 开放内容——《纽约时报》《卫报》的网络战略转向新途径探析〔J〕．新闻记者，2011，（4）．

12. 陈昌凤．《纽约时报》的"2.0 新闻业"战略〔J〕．新闻与写作，2010，（4）．

13. 李赛可．美国报业收割现象的双重解读〔J〕．浙江传媒学院学报，2014，（4）．

14. 黄磊，唐芳．传统媒体突围新应对——以美国报业为例〔J〕．新闻前哨，2013，（9）．

15. 李颖．美国报业的"收割—衰退"螺旋趋势——对皮尤2013 年美国新闻业年度报告的报业解读〔J〕．中国记者，2013，（7）．

16. 贾金玺．社交媒体给美国报业带来了什么〔J〕．中国出版，2012，（9）．

17. 宋明亮．新媒体冲击下的美国报业〔J〕．中国报业，2012，（8）．

18. 余婷，林娜，美国报业全媒体的现实困境〔J〕．中国记者，2012，（2）．

19. 张宸．美国新闻业最新趋势与状况——皮尤年度报告《新闻媒体状况 2014 版》摘要〔J〕．新闻与写作，2014，（5）．

20. 孙志刚，潘祥辉．走向融媒体：新新媒介时代的美国新闻业及其转型——访美国密苏里大学新闻学院高级社会研究中心主任孙志刚博士（上）［J］.浙江传媒学院学报，2012，（2）.

21. 冷东红.大数据时代传统受众研究的不足及人群识别对策［J］.传媒观察，2014，（3）.

22. 朱海燕，李洋一.新媒体受众心理倾向与传统报刊的新媒体转型［J］.记者摇篮，2014，（7）.

23. 张伶俐.基于受众心理的高效传播策略［J］.编辑之友，2013，（5）.

24. 曹书乐，何威."新受众研究"的学术史坐标及受众理论的多维空间［J］.新闻与传播研究，2013，（10）.

25. 曹刚.大数据背景下受众研究面临的挑战及对策［J］.传媒，2013，（9）.

26. 周红丰.西方受众研究脉络与发展趋势探析［J］.新闻界，2013，（9）.

27. 苟德培."信息爆棚"时代的受众心理演变探讨［J］.新闻与写作，2013，（5）.

28. 丁海东，谭小凤.重新认识、运用受众关系价值，打造传播新境界［J］.中国记者，2013，（4）.

29. 薛中军.当代美国新闻传媒受众"体验"式传播微探［J］.湖南大众传媒职业技术学院学报，2013，（7）.

30. 金玉萍.身份认同与技术转向：新受众研究的发展态势［J］.国际新闻界，2011，（7）.

31. 殷乐.媒介融合环境下欧美受众研究的范式转换［J］.新闻与传播研究，2010，（6）.

32. 高丽华.基于社会化媒体平台的互动仪式传播［J］.中国出版，2014，（7）.

33. 徐尚青．交易成本视野中的媒体平台经济［J］．青年记者，2013，（3）．

（三）中文硕博学位论文

1. 博士学位论文

（1）曾海芳．美国报业的数字化发展研究——以《纽约时报》《华尔街日报》《今日美国》为考察对象［D］．上海：上海大学，2011．

（2）李莉．近代中国的媒介镜像：《纽约时报》驻华首席记者哈雷特·阿班中国报道研究（1927—1940）［D］．上海：上海大学，2010．

（3）马妍妍．媒介怀疑论信息时代媒介与受众关系研究［D］．杭州：浙江大学，2013．

（4）卢铮．媒介融合背景下的报业组织变革——以两家证券报为例［D］．上海：复旦大学，2012．

（5）张军芳．美国报纸报道模式的流变［D］．上海：复旦大学，2006．

2. 硕士学位论文

（1）胡颖．财经网站新闻聚合模式研究——以《纽约时报》、《赫芬顿邮报》、《华尔街日报》等为例［D］．天津：天津师范大学，2013．

（2）董朝．媒介融合背景下《纽约时报》的转型与升级［D］．武汉：华中科技大学，2012．

（3）冯泽中．传媒受众关系管理［D］．西安：西北大学，2009．

二、英文文献

（一）英文专著

1. Nikki Usher. Making News at the New York Times,

TheUniversity of Michigan Press, 2014.

2. Paul Murschetz, State Aid for Newspapers: Theories, Cases, Actions, SpringerBerlin Heidelberg, 2013.

3. William McGowan. Gray Lady Down: What the Decline and Fall of the New York Times Means forAmerica, Encounter Books, 2010.

4. The New York Times: The Complete Front Pages: 1851 – 2008, Black Dog &Leventhal Publishers, 2008.

5. Cosimo Distante, Sebastiano Battiato, Andrea Cavallaro (eds.), Video Analytics for Audience Measurement: First International Workshop, VAAM 2014, Stockholm, Sweden, August 24, 2014. Revised Selected Papers, Switzerland: Springer International Publishing, 2014.

6. Henry Jenkins, Carrie James, Disconnected: Youth, New Media, and the Ethics Gap, Cambridge: MIT Press, 2014.

7. James G. Webster, The Marketplace of Attention: How Audiences Take Shape in a Digital Age, Cambridge: MIT Press, 2014.

8. Mark Smiciklas, The Power of Infographics: Using Pictures to Communicate and Connect With Your Audiences, Indiana 46240 USA: Que Publishing, 2012.

9. Virginia Nightingale, The Handbook of Media Audiences (Global Media and Communication Handbook Series (IAMCR)), Massachusetts: Wiley-Blackwell, 2011.

10. Annette Hill, Paranormal Media: Audiences, Spirits and Magic in Popular Culture, Routledge, 2011.

11. Brian Reich, Dan Solomon, Media Rules!: Mastering Today's

Technology to Connect With and Keep Your Audience, New Jersey: John Wiley & Sons, Inc. , 2007.

12. David Gauntlet, Creative Explorations : New Approaches to Identities and Audiences, Routledge, 2007.

13. Andrew Herman, Jan Hadlaw, Thom Swiss, Theories of the Mobile Internet: Materialities and Imaginaries, London : Routledge, 2014.

14. Paul D. Miller, Svitlana Matviyenko, The Imaginary App, Cambridge: MIT Press, 2014.

15. Manuel Castells, Pekka Himanen, Reconceptualizing Development in the Global Information Age, Oxford University Press, 2014.

16. Jeremy Harris Lipschultz, Social Media Communication: Concepts, Practices, Data, Law and Ethics, London : Routledge, 2014.

17. Lawrie Zion, David Craig, Ethics for Digital Journalists: Emerging Best Practices, London : Routledge, 2014.

18. Dawn O. Braithwaite, Paul Schrodt, Engaging Theories in Interpersonal Communication: Multiple Perspectives, SAGE Publications Inc; 2nd Revised edition, 2014.

19. Lee Rainie, Barry Wellman, Networked: The New Social Operating System, Cambridge: MIT Press, 2012.

20. James T. Hamilton, All the News That's Fit to Sell: How the Market Transforms Information into News, Princeton University Press, 2006.

（二）英文期刊论文

1. Hollander, Paul, Popular Culture, The New York Times and the New Republic, SOCIETY, 2014, 51: 3.

2. Pinnuck, Matthew, The New York Times and Wall Street

Journal: Does Their Coverage of Earnings Announcements Cause "Stale" News to Become "New" News?, JOURNAL OF BEHAVIORAL FINANCE, 2014, 15: 2.

3. Quinlivan, Natalie, All the Art That's Fit to Print (And Some That Wasn't): Inside The New York Times Op-Ed Page, MEDIA INTERNATIONALAUSTRALIA, 2013, 147.

4 McKernan, Brian, The Morality of Play: Video Game Coverage in The New York Times From 1980 to 2010, GAMES AND CULTURE, 2013, 8: 5.

5. Cook, Jonathan E. , Attari, Shahzeen Z. , Paying for What Was Free: Lessons from the New York Times Paywall, CYBERPSYCHOLOGY BEHAVIOR AND SOCIAL NETWORKING, 2012, 15: 12.

6. Greenwald, Marilyn, The New York Times Reader: Arts and Culture, JOURNALISM & MASS COMMUNICATION QUARTERLY, 2012, 89 (2): 335 –336.

7. Loosen, Wiebke, Schmidt, Jan-Hinrik, Discovering the audience the relationship between journalism and audience in networked digital media, INFORMATION COMMUNICATION & SOCIETY, 2012, 15 (6): 867 –887.

8. Brake, David Russell, Who Do They Think They're Talking To? Framings of the Audience by Social Media Users, INTERNATIONAL JOURNAL OF COMMUNICATION, 2012, 6: 1056 –1076.

9. Harlow, Summer, Johnson, Thomas J. , Overthrowing the Protest Paradigm? How The New York Times, Global Voices and Twitter Covered the Egyptian Revolution, INTERNATIONAL JOURNAL OF COMMUNICATION, 2011, 5: 1359 –1374.

10. Schudson, Michael, The New Media in the 2008 US Presidential Campaign: TheNew York Times Watches its back, JAVNOST-THE PUBLIC, 2009, 16 (1): 73 – 86.

11. Hong Tien Vu, The online audience as gatekeeper: The influence of reader metrics on news editorial selection, Journalism, 2014, 15 (8): 1094 – 1110.

12. Macnamara, Jim, Beyond voice: audience-making and the work and architecture of listening as new media literacies, Continuum-Journal of Media & Cultural Studies, 2013, 27 (1): 160 – 175.

13. Jacobson, Susan, Does Audience Participation on Facebook Influence the News Agenda? A Case Study of The Rachel Maddow Show, Journal of Broadcasting & Electronic Media, 2013, 57 (3): 338 – 355.

14. Ross, Derek G., Deep Audience Analysis: A Proposed Method for Analyzing Audiences for Environment-Related Communication, Technical Communication, 2013, 60 (2): 94 – 117.

15. Lee, Angela M., News Audiences Revisited: Theorizing the Link Between Audience Motivations and News Consumption, Journal of Broadcasting & Electronic Media, 2013, 57 (3): 300 – 317.

16. Taneja, Harsh, Audience Measurement and Media Fragmentation: Revisiting the Monopoly Question, Journal of Media Economics, 2013, 26 (4): 203 – 219.

17. Geiss, Stefan, Jackob, Nikolaus, Quiring, Oliver, The impact of communicating digital technologies: How information and communication technology journalists conceptualize their influence on the audience and the industry, New Media & Society, 2013, 15 (7): 1058 – 1076.

（三）英文硕博学位论文

1. Nadler, Anthony Matthew: Making news popular: Mobilizing U. S. news audiences from the 1970s into the digital age. , Minnesota, US, 2014.

2. Donatello, Michael C. , Assessing audiences' willingness to pay and price response for news online. , North Carolina at Chapel Hill, US, 2014.

3. Alsarhan, Hesham, The effects of target audience on social tagging. , Indiana University. , US, 2014.

4. Kim, Iljoo, Predicting audience demographics of web sites using local cues. , Utah, US, 2012.

5. Johnson, Kristine, Audience use of new media applications on NPR. org: An exploratory study. , The Florida State University. , US. , 2012.

6. Kushin, Matthew James: Tweeting the issues in the age of social media? Intermedia agenda setting between the "New York times" and twitter, Washington State University. , US, 2011.

7. Greenman, Jill Danforth: From grief to hope: A study of how the "New York Times " inspired a nation to transcend the tragedy of 9/11. , Memphis State University. , US, 2009.

8. Berger, Raqota T. , High-profile celebrity court cases: An investigation into audience usage, needs, and motivations. , Fielding Graduate University, US, 2009.

9. Guthrie, Rand Weston, Audience directed models and software design: How developer mental models of users influence the design of enterprise system features. , The Claremont Graduate University, US, 2008.

后　记

　　从 2006 年 9 月我正式踏上高校教学科研岗位之际，就一直在河北大学新闻传播学院教授《西方报业研究（双语）》课程。在教学过程中，对西方国家媒体的内容生产和经营活动产生了浓厚的研究兴趣，教学与科研相互促进，我的科研课题和论文写作也一直关注这个领域。从 2013 年 9 月到 2016年 6 月，在河北大学新闻传播学院攻读博士学位期间，我所撰写的博士学位论文《〈纽约时报〉受众拓展研究》，是多年来我在科研与教学领域中体悟与观察的结晶，这份书稿正是博士学位论文修改与完善的产物。值此书稿即将付梓之际，从选题、查阅资料、拟定写作提纲到着手写作、修改、完善的种种历程中，我又一次接受了严格的学术训练，对美国媒体的现状和转型有了新的见解和体悟。这本书只是一个起点，它所引发的思考将延续在我现在和未来的教学和科研工作中。

　　我的书稿的完成，是各位恩师和朋友帮助和支持的结果。我非常感激我的博士生导师——河北大学新闻传播学院杨秀国教授。从书稿的选题、资料的选取、文章的修改到联系出版社编辑，各个环节都得到了杨老师的指导和帮助。我也非常感激河北大学特聘教授、博士生导师白贵教授，白老师渊博的学识和严谨的治学态度是我学习的榜样。在白老师的指导和帮助下，我拥有了一次由国家留学基金委公派留学去美

194

国太平洋大学做访问学者的宝贵机会。正是这次宝贵机会，使得我在美国的课堂学习、媒体调研活动和参与国际学术会议的过程中，拓展了我书稿写作的思路，搜集和整理了大量写作资料。从我留校任教到我攻读博士学位乃至撰写书稿的整个过程中，河北大学新闻传播学院任文京教授一直对我进行鼓励和指导，我非常感恩任老师对我的关心和指导。我非常感谢美国太平洋大学传播系主任董庆文教授。从2015年2月到2016年2月，我在太平洋大学访学期间，董教授一直关心我的书稿的写作进程，并尽心尽力地给我提供研究资料，帮助我联系美国媒体进行调查研究活动。书稿完成之后，董教授还专门写序，继续鼓励和支持我。

本书为作者2015年承担的河北省社会科学基金项目（项目编号：HB15XW018）和2015年度河北省科技计划自筹经费项目（项目编号：154576264）的研究成果。同时，本书出版受河北大学科研创新团队培育与扶持计划（2016年"一省一校"专项经费）资助。此外，本书的写作与出版，得到了河北大学新闻传播学院院长韩立新教授的热切关注和鼎力支持。人民出版社孙兴民主任对此书从学术和编辑出版角度也多惠教，给予了很大的支持和帮助。感谢孙旭培教授、陶丹教授、胡连利教授、曹茹教授、张雅明教授、彭焕萍教授、王秋菊教授、田建平教授、王会教授、商建辉教授对本书写作的关心和帮助。在此谨向他们及其他关注此书的师长及同仁一并致以衷心的谢意。